在錯誤中成長，直至走向成功。

墨菲定律

楊知行　編著

前言

當今是資訊化高度發達的時代，機遇與挑戰隨時擺在我們面前、競爭與壓力讓我們無暇顧及自己的內心、成功與失敗隨時隨刻都在上演著歡笑與淚水。在這個關係著個人命運與前程的社會大舞臺中，許多人都在忙於應付或疲於奔波，非但沒有把自己想做的事情做好，反而把自己折騰得滿身疲憊。究其原因，主要在於我們不懂自己的心理、對方的心理、組織的心理和社會的心理。

人類每向前邁進一步，無論是個人心理還是社會心理等，都在潛移默化中隨之變化。然而，作為個體而言，很多人卻不知道心理對個人的影響有多麼的重要。當然，作為一門學問，心理學日益被重視起來，心理學家為我們總結出了許多心理定律、心理效應及心理法則——這些定律、效應、法則、理論，是建立在科學的基礎上，對人的社會活動具有積極的作用。

正確掌握這些定律、效應、法則，可以幫助我們提高工作效率，積攢更多的人脈，提高生活的品質。因此，要想讓自己過得更好，讓自己的夢想在殘酷的現實中瘋狂綻放，必須要用這些心理學定律、效應、法則來指導我們。舉例如下——

「木桶理論」，很多人認為發揮自己的長處和優勢，就能夠實現自己的夢想，就可以過上自己想要的生活。這一認知沒有錯誤並值得讚揚，問題是每一個人都有所長有所不長，也就是說，沒有十全十美的人，有長處必然有短處，有優點必然有缺點。如果一味地加強自己的優勢和長處，卻不顧及自己的劣勢和缺點，這樣的話，很難抵達成功的彼岸。「木桶理論」提醒我們：要認識到自己的短板，及時克服掉，變劣勢為優勢，才能趨於完美。

「名片效應」告訴我們：在人際交往過程中，就像是給出一張名片一樣，把自己介紹給對方。而永遠說不完的「墨菲定律」，在我們生活中如影隨形，想擺脫也擺脫不了，我們只能在失敗中記取教訓，從經驗中成長……

凡此種種的心理法則、效應以及定律，都會在我們的工作、生活、學習中，帶來相當的幫助與借鏡，讓我們的人生更上層樓……

第一章　自我認識：剖析人性的優點與缺點／013

第二章　強化內心：做堅不可摧的自己／069

第三章　勵志成功：讓夢想在人生舞臺綻放／127

第四章　生存博弈：把控心理才能贏得主動／189

第五章　和諧人際：優質人脈是經營出來的／227

第一章

自我認識：剖析人性的優點與缺點

由於盲目和未知的存在，導致人們雖然每天都與自己相處，但其實並不是十分瞭解自己，這便需要我們審視自己、剖析自己、分析自己，繼而提升自己，做最好的自己。

蘇東坡效應：若想駕馭人生，先認清自己

「不識廬山真面目，只緣身在此山中」，這出自北宋詩人蘇東坡筆下的兩句詩，既包含了對人生的探討，也是對自我認識的一個美麗注釋。古往今來，人們最難認清的是自己，就像身居山中，難以看到山的真實面目。這種難以認清自我的現象在心理學上被稱為「蘇東坡效應」。

「自我認識」是指以自我作為認識對象，是個體對自己的認識，它屬於社會認識的一部分。自我既是認識的主體，也是認識的客體。其認識的主要對象包括自己的個性心理及相應的行為表現。自我認識是在交往過程中隨著他人的認識而形成和發展的。對自我認識和對他人認識二者緊密聯繫、相輔相成，對他人認識越深刻、全面，對自我認識就會越隨之而發展。

正確的自我認識會使一個人在群體中的行為得體；相反，一個缺乏自知之明的人常常會在人際交往中遭到各種不應有的挫折。

有一位呆衙役，沒有什麼才幹，加上上了年紀，記性不好，常常丟三落四，雖說辦事還算認真，但仍然經常把上級吩咐的事情搞得一團糟。

一次，需要押送一個重罪和尚，將他刺配邊疆，因為實在騰不出人手來，縣衙老爺只得差這位呆衙役前去押送。臨行時老爺對他吩咐道：「這和尚是犯了重罪的要犯，刺配邊疆，永不返回原籍，只是你一定要押送到目的地，並且一路小心，不得讓他在路上跑了。若是跑了和尚，你不但衙役做不成，說不定還得去蹲監牢哦。」「請大老爺放心！」呆衙役拍著自己的胸脯說道：「我自有錦囊妙計看牢他！」

呆衙役的錦囊妙計是什麼呢？原來他把一路隨身帶的東西和人都編成順口溜，一上路後，他嘴裡就嘟嘟囔囔念個不停，心裡想這樣一來所有的東西就都會記住，不會丟失了。

一路上，和尚聽他嘴裡不停地念什麼，開始以為呆衙役皈依佛門，口誦佛經，後來仔細一聽，才知道呆衙役念的是：「雨傘、包裹、和尚、我」。和尚暗自好笑道：「真是個呆子！」心裡面就盤算著逃跑計畫。

走了一天路，天黑下來時，他們到路邊的一家旅店求宿。和尚摸出了幾兩銀子說：「我請客。」於是讓店家去弄了些酒來。當幾大碗酒肉上桌時，那呆衙役早已垂涎三尺了。他口裡說道：「慚愧，慚愧！」但手裡的筷子已把肉送到了嘴邊。就這樣大吃大喝直到夜闌人靜的午夜。只見那倒楣的呆衙役已被和尚灌了個爛醉如泥，呼呼大睡。

那和尚見時機來了，從呆衙役身上偷來鑰匙，解開枷鎖，並取出快刀，把呆衙役的頭髮剃得精光，又將枷鎖套在呆衙役脖子上，然後跳窗逃跑了。

第二天日上三竿，呆衙役才清醒過來，迷迷糊糊中還記得自己身邊的東西，於是兩手不停摸索，左手抓著了雨傘，右手挽住了包裹，睜開眼四下張望，發現和尚不見了。「哎呀！這可如何是好？」想著想著，他額上冷汗也出來了，腿也軟了，頭也耷拉下來了。突然，他兩眼盯住了自己脖子上套著的枷鎖，「咦，這不是和尚的東西嗎？」他心裡一亮，伸手又摸了摸枷鎖上自己那光溜溜的頭，頓時喜上眉梢，「謝天謝地，和尚還在。」

他高興地在屋子裡轉了好幾個圈。忽然又停了下來，好像又遇上了什麼解不開的事，兩眉緊蹙自言自語地說道：「奇怪，奇怪，和尚倒還在這裡，可我又到哪裡去了呢？」

我是誰，我從哪裡來，又要到哪裡去，這些問題從古希臘開始，就有人問自己了，誰都沒能得出令人滿意的答案，但人類從來沒有停止過對自我的追問。

認識自己，心理學上叫自我知覺。心理學研究表明，認為自己是怎樣的一個人，比自己實際是怎樣的一個人更為重要。自我認識正確，就能在心理上控制自己，使自己的行為恰到好處；否則，就像盲人騎瞎馬，不清楚自己的思想、行為到底該往哪個方向發展，必然處處碰釘子、犯錯誤。

真正做到正確認識自己，是一件很難的事情。在日常生活中，人不可能時刻反省自己，也不可能總把自己放在局外來觀察自己。正因為是這樣的原因，人需要借助外界資訊來認識自己。但是，基於外界的複雜多變，人在認識自我的過程中很容易受到外界資訊的暗示和干擾，往往不能客觀地、真實地認識自己。通常情況下，不是抬高了自己就是過低估計了自己。正所謂：「旁觀者清，當局者迷。」因此，不僅中國有「人貴有自知之明」的名言，古希臘著名哲學家蘇格拉底也說過類似的名言：「認識你自己。」

1．學會面對自己，經常自我審視

要敢於面對自己，經常對自己在生活和工作中的表現進行評價與總結，進步之處要繼續保持，不足之處要及時改善，瞭解自己在群體中所處位置的變化等等。

2．善於收集資訊，培養敏銳的判斷力

從周圍世界獲取有關自我的資訊，可以有效避免由主觀意識所帶來的偏差。例如，收集身邊的人對自己的態度、評價來瞭解自我，認識自我。通過這些方式，可以培養自我判斷的能力，說明我們客觀地認識自己。

3．在成功和失敗中認識自己

從成功和失敗的事件中，我們可以獲得寶貴的經驗和教訓，為瞭解自己的個性與能力提供準確的資訊。越是在成功的高峰和失敗的低谷，越能反映一個人的真實性格。因此，想要正確地認識自己，就要在成功與失敗中不斷地去瞭解和發現。

4．尋求專業機構的幫助

如今，許多相關的機構會提供性格、能力、職業傾向等方面的測試，他們會對測試的結果進行詳細分析，可以為個人正確地認識自我提供有效的說明。

暗示效應：當心被催眠成「不行」的人

「暗示效應」是指在沒有對抗的條件下，用含蓄、抽象的方式，誘導他人的心理，對其行為產生影響。被誘導的人，按照一定的方法或行動，接受某種觀點或意見，使其思想、行為與暗示者期望的目標相符合。

有位心理學家為了證明暗示效應對人所產生的影響，他在課堂給學生做了一個有趣的演示。這位心理學家先讓助手在每位學生面前擺一個空杯子，接著用水壺把白開水倒入每位學生面前的空杯子中。助手逐一完成後，心理學家對學生說：「同學們，你們面前杯子裡裝的是白開水，請你們喝下去。」

同學們喝下去後，心理學家又讓助手拿出一個水壺，再把水壺中的水倒入同學們面前的空杯子中，說：「同學們，剛才倒入你們面前杯子中的水，是來自法國海拔三千公尺高山上的礦泉水，請你們品嘗一下，水是不是有一股甘甜味兒。」

同學們喝下這杯水，有的點頭說是有股甘甜味。

最後，這位心理學家對學生說：「這兩杯水都是白開水，並且是來自於同一個鍋煮開的水。」這就是暗示效應帶給人們的奇妙錯覺。

「暗示效應」的產生是因為人的潛意識裡有對事物的看法，當人們進行語言、行為上的暗示時，人們就會將潛意識的看法和他人的暗示聯繫起來，並形成反應。在上面那個實驗裡，水壺和礦泉水就是符合人們日常認知的一種圖像暗示。於是，當心理學家用語言進行暗示的時候，人們就會根據這個先入為主的印象形成錯覺。

同樣的道理，如果你身邊充滿了苛刻、尖酸的人，他們習慣用負面的詞語來評價你，每天都對你說「怎麼這麼簡單的事情，你都辦不好」、「你是笨蛋嗎？怎麼腦袋這麼蠢」、「你怎麼這麼差勁呢」……過了一段時間後，你會發現自己漸漸被他人催眠成一個「不行」的人了。

為什麼會有這樣的情況出現呢？心理學家對此進行了深入的研究，結果發現意志力越差，越不自信的人，越會受到他人暗示的影響。換句話說，當一個人非常自信，意志力非常堅定，那麼即使別人對他進行消極的、負面的暗示，他仍會笑著開玩笑回擊。

如果自己不幸被別人暗示成一個「不行」的人，那該怎麼辦呢？方法很簡單，依靠暗示效應，你就可以把自己暗示成一個「行」的人。

在第二次世界大戰期間，美國由於兵力不足，臨時決定組織關押在監獄裡的犯人到前線作戰。為此，美國政府還派遣了心理專家對犯人進行戰前的心理輔導，希望這些犯人能以最佳的狀態奔赴前線。

心理專家對監獄裡的犯人做了為期三個月的心理輔導。在訓練期間，心理專家要求犯人每天給自己最親的人寫一封信。但是，這封信的內容是由心理專家統一擬定的。主要內容是犯人在監獄裡的良好表現、改過自新的欲望、如何進步、有著怎樣的奮戰欲望，等等。心理專家要求每個犯人都要認真抄寫，並親自郵寄這封信。

三個月後，這批犯人被送到前線支援美軍。這時，心理專家又要求他們每天晚上為最親的人寫信。信的內容也是由心理專家指定的，主要是講述他們在戰場上如何英姿颯爽，如何服從紀律，如何英勇殺敵……

結果，不久後，這批犯人在戰場上的表現絲毫不遜色於正規軍人。他們在戰鬥中的表現都正如他們在信中寫的那樣：服從指揮、勇敢奮戰。

不斷地對自己進行積極的心理暗示，人們就會向積極的方向走。

每個人都會有這樣的經歷：早晨醒來的那一刻，如果對自己暗示說「我很困，我還需要再睡一會兒」，那麼就會感覺非常疲憊並且不想起床。相反，儘管非常困，卻對自己暗示說「我身體很棒，睡五小時就夠了，我會精力充沛的」，那麼往往可以打起精神起床，而這一天也會是精力充沛的。這就是因為自我暗示而產生的截然不同的效果。

木桶理論：找出自己的短板，變劣勢為優勢

一隻沿口不齊的木桶，盛水的多少，不在於木桶上最長的那塊木板，而在於最短的那塊木板。要想提高水桶的整體容量，不是去加長最長的那塊木板，而是要下功夫依次補齊最短的木板。這就是「木桶理論」，也叫「木桶定律」。

我們每個人都有自己的優點，同時也有自己的短板，當認識到自己的短板時，要及時克服掉，變劣勢為優勢，才能趨於完美。

莫里哀和伏爾泰都曾從事過律師這一職業，但二人均發現自己不適合做律師，於是便及時進入其他行業，後來莫里哀成為偉大的劇作家，伏爾泰成為傑出的法蘭西思想之父。

斯貝克的人生剛開始時，並沒有意識到自己在文學創作上有天賦，為了尋找適合自己發展的職業，曾經改行好幾次。斯貝克身高近兩米，基於身高的條

件，最初時打籃球，是當地籃球隊的一名隊員。由於球技一般，加之年齡漸漸增長，他發現自己不適合繼續打籃球了，便改行當畫家。他的繪畫技巧並沒有過人之處，在他給報刊繪一些插畫的過程中，偶爾寫一些短文，沒想到這些短文受到編輯的賞識，自此他發現自己有寫作方面的才能，繼而走上了文學創作的這條道路。

達爾文不喜歡數學、醫學，一旦觸摸到植物，便能引發出他的極大興趣，最終寫出《物種起源》，成為進化論的奠基人。如果達爾文不從事植物研究，繼續活在數學或醫學領域裡，就不會有偉大的成就。對於達爾文而言，數學、醫學就是他的劣勢，而植物學才是他的優勢，能讓他在植物王國，最大限度地將自己的智慧發揮出來。

美國科普作家阿西莫夫有一天突然發現：「我不能成為一流的科學家，但我可以成為一流的科普作家。」於是，他把科研工作放下，將全部精力投入到科普創作上，終於成為當代世界最著名的科普作家。

倫琴學的是工程科學，在老師的影響下，做了一些物理實驗，逐漸感覺到自己幹這一行最適合，後來終於成了一個有成就的物理學家。

德國作曲家韓德爾在尚未學會說話時就開始學習演奏樂器，十歲時就創作了六首樂曲。韓德爾的父親是宮廷理髮師，他希望兒子成為律師，看到兒子如此愛好音樂，十分擔憂，並採取了嚴厲的措施，禁止兒子演奏樂器，甚至因為小學有音樂課而不讓兒子上小學。可韓德爾根本就不理會父親的苦心，白天不行，他就在夜深人靜時起來練琴，為了不被人發覺，只好不出聲地練。終於，他成了與巴赫齊名的音樂巨匠。

可見，每個人都有自己的優勢，也有不足之處，這是非常正常的事情。很多人總希望能夠改變自己的劣勢，為了能彌補自己的短處，花費了大量的時間、精力和金錢，結果並不能讓自己滿意。更有甚者，在彌補自身缺點的過程中，自己本來已經有的那些優勢也都變得蕩然無存了。

一位心理學家曾經說過，判斷一個人成功與否，主要是看他是否能夠將自己的優勢發揮到極致。一般來說，當一個人將自己的優勢發揮至極點時，就會自動地忽略自己的劣勢，從而達到取長補短的目的。

從一個初出茅廬的年輕小夥子成長為一名成熟穩健、廣受歡迎的記者，彼得·詹寧斯在一個個崗位鍛煉，經歷了一個拉長自己的短板、擺脫自己的短板的過程。

年輕的彼得·詹寧斯成為美國ABC晚間新聞主播的時候，大學都沒有畢業。當他做了三年主播，覺得自己因採訪能力不足而不能做一名出色的記者時，他毅然辭去人人豔羨的主播職位，決定到新聞第一線去磨煉，幹起記者的工作。他在美國報導了許多不同方面的新聞，並且成為美國電視網第一個常駐中東的特派員，後來他搬到倫敦，成為歐洲地區的特派員。經過這些歷練後，他重新回到主播的位置。此時，他已成長為一名成熟穩健、廣受歡迎的記者。

彼得·詹寧斯看到了自己的「短板」，就通過努力去彌補它，從而使自己變得更有競爭力。我們生活在一個瞬息萬變的時代，只有不斷學習新的知識才能適應企業的發展，才能高效落實責任，才不會被淘汰出局。然而，許多人並不這麼認為，他們覺得自己起點低，已經晚了，學了也跟不上；還有人認為自己擁有了一定學歷和知識，不再需要學習……這些都是把自己停在短板的做法。

隧道視野效應：站得高看得遠，瞄得準走得穩

何謂「隧道視野效應」？就是說如果一個人身處隧道，那麼他看到的就只是前後非常狹窄的通道，唯有走出隧道，才能看到更寬闊的天地。

從隧道視野效應中，我們可以得到這樣的啟示：站得高才能看得遠，瞄得準才能走得穩。為什麼這樣說呢？想想看，當你站在山頂時，是不是視野更為開闊。相反，如果你站在山腳，你能看到的只不過是你周圍的事物而已。

同理，在走路時，如果你的眼睛看得很仔細，那麼你走起路來也會更穩一些；如果你走路總是傾向於仰著頭，那麼總有一天，你會被腳底下的石頭絆倒。

喜歡研究歷史問題的人，一定會有這樣的疑問：歷史上的農民起義為什麼大多不能取得成功，總是轟轟烈烈一陣子就被鎮壓下去？其實，這個問題並不難理解。就拿李白成來說吧，他帶領農民軍浩浩蕩蕩殺進京城，逼得崇禎皇帝上吊自殺，從而推翻了明王朝的統治，建立起了新的政權——大順政權。可是不到一個月，這個

政權就被清兵給推翻了。

這頃刻間倒塌的原因何在？就在於李自成的視野不夠開闊，在他取得初步勝利後，便失去了繼續戰鬥的動力，轉而過起了驕奢淫逸的生活。他以為自己從此就可以高枕無憂了，卻忽略了關外虎視眈眈的清兵。事實上，這些清兵才是李自成最大的敵人。

想想看，在生活和事業的征途上，是否經常「走在隧道裡」或「坐在井裡」，像隧道裡的人和井裡的青蛙一樣，看到的只是自己頭頂上的一片天空？是否因為視野不夠開闊而看不到機遇呢？

其實，成功並非遙不可及，只有我們視野開闊，方能看得高遠。具體該怎麼做，概括地說，主要有兩點：

一、放棄眼前的利益，才能收穫更大的利益

一位年輕人非常羨慕富翁所過的生活，就向他請教成功之道。富翁知道年輕人的來意後，沒有在他面前高談闊論，而是拿出三塊大小不等的西瓜，放在

年輕人面前，說：「如果每塊西瓜都象徵著等量的利益，你會選哪一塊呢？」

年輕人毫不猶豫地回答道：「我當然要選擇最大的那一塊。」

富翁微微一笑，說：「好吧！」說完，拿起年輕人選的那一塊，遞了過去，讓年輕人吃，而自己卻吃最小的一塊。

很快，富翁就把最小的一塊吃完了，接著便拿起剩餘的一塊。年輕人看著手中沒有吃完的西瓜，顯得無計可施。

二人分別吃完西瓜後，富翁語重心長地對年輕人說：「要想取得成功，目光放遠一些，要懂得放棄，只有放棄眼前的小利益，才能得到長遠的利益，這就是我的成功之道，也是我想告訴你的話。」

富翁的成功之道就這麼簡單，放棄眼前的利益，收穫長遠的利益。如果他也像年輕人一樣，拿起大西瓜就啃，那他就不會站在年輕人的面前大談成功之道了，說不定他也像年輕人一樣一貧如洗呢！

美國第九任總統威廉・亨利・哈里森的故事也給了我們很好的借鑑。

哈里森小時候有一段時間曾被大家認為是一個傻瓜，為什麼呢？鄰居們做過一個實驗，拿一個五分的硬幣和一個十分的硬幣，讓他從兩者之間選一個。他每次都選那個五分的，大家以此為樂。

其實，哈里森一點都不傻，反而聰明得很。試想一下，如果他一開始就拿了十分的，還有人會再拿錢讓他挑選嗎？他是放棄了眼前的小利益來保留長遠的利益。

暫時的放棄，是為了以後的獲得。這個道理很簡單，但是很多人仍然不明白。生活中就有這麼一些人，凡事都要斤斤計較一番。給人送禮物，有的人經常不平衡：為什麼我送了你五百元的東西，你卻只還回來三百元的，一副小鼻子、小眼睛的德性，這樣計較的話，你的人際關係就會搞砸了！

還有將一天未完成的工作，留下來把它完成也是如此，表面上看似你在吃虧，但實際上獲利的依然是你。你主動留下來加班，你的老闆是看在眼裡的，雖然他當時不會說什麼，但是他定會感動於你十分盡職的精神。沒有哪一個老闆不喜歡積極主動的員工，如果有一天有什麼好事，老闆第一個想到的一定是你。

二、把眼光放到十年以後

很多朋友常常對自己的現狀自鳴得意，說：「目前所擁有的生活狀態，我已經非常滿足了。工作穩定順利，父母身體健康，丈夫體貼，孩子孝順。對於我來說，再也沒有什麼可擔心的了。」

你贊成這種人的生活態度嗎？如果你的回答是肯定的，那麼不妨問問自己以下這些問題：

‧你父母現在的身體還算健康，但你能保證十年後他們還這樣硬朗嗎？

‧你的小孩才念幼稚園，所以沒有積蓄也沒問題，但要是哪一天你失業了，房貸、車貸都抗在身上，你該怎麼辦？

‧你覺得你現在的職位已經可以了，所以你不想再為自己充電，但十年後，不思進取的你有可能還在原地踏步，或者被有能力的人取代，甚至面臨資遣的危險。

當然，這些問題也許有點誇張，但是世事難料，誰又能保證未來會怎麼樣。我們不是神仙，沒有預測未來的通天本領，但我們可以把眼光放得長遠一些。如果你把眼光放在十年後，你的未來肯定美好無比；如果你依然著眼於現在，那麼也許你將一事無成。

二次大戰結束後，戰勝國成立了一個處理世界事務的組織——聯合國。既然是一個世界性的組織，就必須有個固定的工作場所，也就是總部。

這對於剛剛成立的聯合國來說，實在是一個不小的困難，因為沒有足夠的資金，各國首腦為了此事，不停地商量來商量去，以求找到解決問題的辦法。就在這時，聽到這個消息的洛克菲勒家族宣佈，願意掏出八百七十萬美元在紐約買下一塊地皮，並且無條件地捐贈給聯合國。

人們不禁驚訝了，花這麼多的錢買土地免費贈送給聯合國，這不是傻子才會做的事嗎？洛克菲勒家族的人簡直是頭腦發暈了。

可是這些人並不知道，洛克菲勒家族在買下這塊土地的同時，也買下了與這塊土地毗連的全部土地。等到聯合國總部大樓建起來後，四周的地價絕對會飆升。那麼，洛克菲勒家族賺到的不知道是多少個八百七十萬美元。

洛克菲勒家族為什麼能夠賺得盆滿缽溢？就在於他們有前瞻性的眼光，而不是局限在現在所取得的成就上。比別人多走幾步，將問題看得更遠，接近成功的概率不就更大了嗎？

定型化效應：不做刻板、偏見的人

「定型化效應」也叫「刻板印象」，是指個人受社會影響而對某些人或事持穩定不變的偏見看法。例如，我們認為老年人喜歡墨守成規，年輕人顯得熱情奔放，性格內向的人會做出一些偏激的事情等。

很多心理學家認為人所以有「定型化效應」，是因為個體無法控制自己的信念和看法。為了證實這一判斷，他們進行了多項實驗，其中一項是美國華盛頓大學的格林沃爾德教授完成的。

格林沃爾德教授發明了一個可以測量人們對某個群體潛在態度的電腦測驗，在測驗中，被試者需要快速將看到的單詞或圖片按要求分類。其中單詞分為兩種類型，一種代表積極向上，一種代表消極悲觀。而圖片也有兩種類型，分別是男人和女人的臉。測驗以兩種方式進行，先進行的是內隱測驗。測驗開始後，螢幕中心逐個出現不同類型的詞語或圖片，螢幕上方的左右兩邊會出現與之對應的類別標籤。測試者需要分辨詞語或圖片類型，然後按鍵盤上的「E」或「I」鍵確認。例如螢幕上出現了男人臉孔的圖片，標籤為左邊是女人，右邊是男人，檢測者就應該按「I」鍵，因為「I」代表了右邊一類。

如果測試者按鍵正確，下一個圖片或單詞就會自動出現；如果按鍵錯誤，電腦就會出現一個「×」符號。內隱測試分為七個階段，每個階段都會發生些改變。特別是到了第三和第四階段，螢幕中的單詞和圖片隨機出現，左右上方分別有兩個標籤，例如左上方是男人、壞的，右上方是女人、好的。第六和第七階段與第三和第四階段內容一樣，就是左右兩邊標籤調了下位置，例如左上方是男人、好的，右上方是女人、壞的。

如果一個人對男人的印象有偏見，當「男人」和「壞的」兩個標籤同時出現時，這個人的反應會變快，直接就按下正確的按鍵。如果標籤將「男人」和「好的」歸類在一起，測試者會因為這個標籤與個人內心看法不符，而導致反應速度變慢。在按鍵的過程中，大多數需做到迅速反應，這種反應屬於無意識的，所以他們對某一類人的偏見是隱性的。

內隱測驗結束後，測試者參加問卷調查。他們需要填寫一些個人資料和問題。結果顯示測試者填寫的調查問卷都是積極向上的，與內隱測驗結果完全相反。也就是說，很多人表面上沒有表現出對一類人的偏見，這是因為偏見不受他們意識的控制。但是這些偏見部分存在於他們的無意識中，對他們產生了一定影響。

個人通常對人造成偏見，卻無法意識自己內心深處的想法，所以無意識的想法難控制，而無意識形成的態度更難控制。如果個人想控制自己無意識的偏見，就需要有堅定的意志力。認知偏見通常以個人思維和認識為導向，要想控制偏見，先要改變思維和認知。例如，你對一類人的印象有偏見，可以跟他們相處一段時間，等你發現他們的生活方式和行為處事與你印象中的不一樣，你就會對他們有所改觀。

錨定效應：不讓額外資訊影響個人生活

一個人的大腦在進行資訊補充的時候，會受一些資訊、態度或是資料的影響，從而對個人的評估結果產生很大影響。就像我們購買商品，如果商品的評估價格與標籤價格相符，我們對該商品的購買概率就會增加；如果相差太遠，可能不會去購買，可見大腦補充的資訊受某些因素的控制。

心理學家阿莫斯・特沃斯基與丹尼爾・卡尼曼做了一項腦補實驗。實驗人員示意被試者看一個幸運大轉盤，轉盤邊緣依次刻有數字1到100。為了達到實驗效果，實驗人員對轉盤進行了特殊處理，每次旋轉之後，使指標都指向10或是65。不過被試者不知道轉盤被動過手腳。

轉盤停止後，實驗人員問被試者一個問題：「非洲國家在聯合國中佔有的比例是多少？」實驗人員示意被試者可與自己轉到的資料做比較，並記錄他們

評估的數值。結果顯示，轉到10的被試者，評估的數值平均為25％，轉到65的被試者評估數值平均為45％。

實驗證明，人在進行資訊補充時，內容會受聽到或看到的一些事情的影響，從而影響評估結果。這是一種認知偏見，被稱為錨定效應。錨定效應使人在對某件事情做出評估的時候，無法自控地就會將更多注意力放到最初獲得的資訊上，所以為了避免自己胡思亂想，我們就要找到適合的方式去控制思維。

小美是位「人見人愛，花見花開」的優質女生，她有一個閨蜜團，均由青春靚麗的女孩組成，聚在一起時小美總會做一些讓閨蜜大跌眼鏡的事情。次數多了，閨蜜們見怪不怪，稱她有「個性」。這話一點不假，她的確是一位有個性的女生，例如閨蜜們聚餐時，大家都喜歡點一些清淡的食物，她則不然，非額外點一盤爆辣的菜。其實，小美並非喜歡吃辣，所以點辣的，按她自己的話來說，是為了挑戰自己的胃口。等那盤爆辣的菜上來之後，閨蜜們避而遠之。小美裝出很豪爽的樣子，夾起菜塞入口中，當筷子還沒來得及放下時，小美便噴了一地，滿口噴火般辣得毫不顧忌淑女風度，哇哇大叫起來，嚇得閨蜜們不知所措。而小美本人則沖進洗手間，拼命用水漱口，當再次返回姐妹們中間時，隱約可見「梨花一枝春帶雨」的痕跡。

小美就是這樣一個有個性的人。有一天閨蜜團裡的一位姐妹粉嫩的臉蛋有所變化，後來在其他姐妹們的輪番拷問下，她如實招供，做了微整形。小美聽後，對她大加「斥責」，並反復強調原汁原味最本真。再過幾天，姐妹中又有人的臉蛋發生變化，小美照例對其「嘲弄」一番。就這樣，閨蜜團中的姐妹們陸陸續續都對面部進行微調，小美照舊對此表示不屑。

然而，半個月後，讓姐妹們又大跌眼鏡的是，小美竟然也微整形了。當姐妹們一致攻擊她決不微整形時，她卻大方地說：「既然姐妹們都對自己的『面部』進行了改變，如果我再不行動，就無法與姐妹們融入一起啦！」

小美起初抵制微整形，後來閨蜜團的姐妹們都做了，她的底線被自己突破了，接受了微整形。小美的行為就是被外部資訊控制了自己的思維，最後接受微整形，繼而失去了自己的個性。生活中，我們要想保持自我，只要稍加注意，就可以輕鬆控制補充資訊對決策和判斷的影響。

1．認清大腦補充不完整資訊的過程

這個過程分為兩種情況：一種是人們有意識進行的，一種是無意識進行的。對於有意識的資訊補充，只要不放鬆警惕，還是可以控制的。但是對於無意識腦補，因為在資訊補充的時候，你沒有意識，所以控制起來也不容易。

2．避免產生認知偏見

避免認知偏見最好的辦法就是控制思維，不要讓你的思維受第一印象或第一資訊的支配。例如，你要買一處房產，思維千萬不要被銷售仲介人員的話語所迷惑。如果他們說房子如何結實，結構如何合理，環境如何優雅，你的思維立即被他人牽引，頭腦一熱就買了房子，那絕對不是明智之舉。一定要根據多方面因素仔細判斷，然後再做決定。

人的大腦為何會對不完整資訊進行補充，主要因為個人掌握的資訊不夠全面，所以還需通過其他資訊做出判斷或評估。如果你能盡可能多地將資訊瞭解全面，將一切合理掌控，你的大腦就不需要額外補充資訊，也就無從影響個人生活了。

布里丹毛驢效應：不要讓自己變成一頭「蠢驢」

一個名叫布里丹的人養了一頭小毛驢，他每天都要向農戶買一堆草料餵它。有一天，農戶額外贈送了一堆草料，布里丹將兩堆草料都放在毛驢旁邊。這下子可給小毛驢出了個大難題，兩堆草料大小相等、品質一樣、與它的距離也等同，究竟該吃哪堆呢？雖然毛驢可以自由選擇，但是它始終在兩堆草料中間徘徊，左看看，右瞧瞧，根本拿不定主意。事情的結果讓人大跌眼鏡，最終，可憐的小毛驢竟然眼巴巴地看著兩堆草料餓死了。

根據這一現象，布里丹總結出有名的心理定律——「布里丹毛驢效應」，主要是指在兩個相反而又完全平衡的推理之下，隨意行動是不可能的。人們往往在決策過程中猶豫不決、遲疑不定。正因為左右都不肯放棄，所以無法做出有效的決策。

我們每個人在生活中都有可能變成布里丹的小毛驢，每當遇到人生的十字路口

都會反覆權衡，再三斟酌，在舉棋不定的思考中讓機會偷偷溜走。人生充滿了選擇，我們必須在選擇中做出一個決定，機會稍縱即逝。因此，決斷在某種程度上就是各種考驗的交集。

一、做出正確的選擇

蒲松齡的《聊齋志異》中有這樣一則故事：

兩個牧童在山林裡發現一個狼窩，狼窩中有兩隻嗷嗷待哺的小狼崽。於是兩個牧童一人抱起一隻小狼崽爬上了高高的大樹，他們打算利用小狼崽來捕獲老狼。

一個牧童在樹上掐住小狼的耳朵，小狼開始嚎叫，老狼隨即奔來，在樹下瘋狂地亂抓。另一個牧童在旁邊的樹上扯小狼的尾巴，這隻小狼崽也連聲嚎叫，老狼又來到這棵樹下，企圖救回孩子。

老狼在兩棵樹下不斷地奔波，它不知道先救哪隻小狼崽好。最終，老狼累得氣絕身亡。

老狼之所以累死，是因為它不想放棄任何一個孩子。倘若它能守住一棵樹，就可以救回其中一隻小狼崽。也許我們會嘲笑老狼愚蠢，但由於「布里丹毛驢效應」的作用，人往往比這隻狼和小毛驢還要愚蠢。

生活這齣戲劇永遠沒有結局，在矛盾迭起的過程中我們必須學會選擇。這些選擇沒有明確的是非觀，也不可能猜中結局。在懸而未果的答案中，我們的選擇意味著放棄。很多時候，選擇的關鍵在於當初的果斷與最終的堅持，而不在於選擇的過程。如果你不想成為布里丹的那頭小毛驢，最好不要局限於選擇的本身。

二、一旦決定就動手去做

美國思科公司總裁約翰・伯斯在談到新經濟的規律時說，現代競爭已「不是大魚吃小魚，而是快魚吃慢魚」。現實正是如此，現代社會並不一定是你做得最好就會成功，機遇稍縱即逝，速度已經成為成功的關鍵因素之一，再好的決策也經不起拖延。成敗已經不能僅僅以「大魚」、「小魚」論，而要看「快」與「慢」了，因此也就形成了「快魚吃慢魚」的結果。

一九八三年的一天，王光英看報時無意中看到了一條只有幾十字的短訊，大意是說南美洲的智利有一批二手汽車要出售，關於汽車的型號、數量、價格、產地和使用程度，短訊中一概未提。

憑著商人的敏感，王光英預感到這個短訊中蘊藏著巨大的商業價值，但是當務之急是如何弄清這一消息的全部情況。於是，王光英立即與這家報社取得了聯繫。得到證實後，王光英又馬上找來幾個公司精英，讓他們對這一消息進行順藤摸瓜式的挖掘整理，以便進一步完整準確地把握這條資訊。

幾天之後，王光英得到了這一消息的最新報告：南美洲的智利有一家銅礦，礦主數月前訂購了一批包括美國道爾奇、德國賓士等著名品牌在內的各類型大噸位載重車、翻斗車等工程車輛，共計一千五百輛，但是前不久銅礦倒閉，礦主不得不折價拍賣這些新車償還債務。

一千五百輛折價新車，這可是一筆大買賣。王光英沒有絲毫遲疑，他立即派出了一個由專家與工作人員組成一個可以全權處理的派遣組飛赴智利。

經過認真驗貨，派遣組認為這批車輛各項指標都很令人滿意，於是立即進入了實際談判階段。一番緊張地鬥智鬥勇之後，派遣組最終與礦主達成了以原價三八折的價格成交。僅此一項，就為王光英帶來了七千萬美元的巨額利潤。

能夠從一條「二手資訊」中挖掘到七千萬美元的利潤，這中間固然與王光英的商業頭腦有關，但是面對資訊時的快速決斷和迅速反應，尤其是給相關人員全權處理的這一舉動，才是成就這筆大生意的關鍵所在。所以，在追求財富的過程中，高度靈敏的商業嗅覺固然重要，但當機立斷、果斷行事的魄力卻更加重要。

有的人經常埋怨環境不好沒法發揮自己的能力，有的人堅持要等到條件完全成熟再動手，有的人想等到自己有了一種積極的感受再去付諸行動，這樣的做法其實是本末倒置。我們在做一件事之前確實要做好準備，確實要創造良好的環境，但比這一切更重要的是做一件事的決心和行動，而不是空想。積極行動會導致積極思維，而積極思維會產生積極的心態，心態是緊跟行動的，你的內心怎樣想，你就會採取怎樣的行動，也就會產生怎樣的結果。

從眾心理：隨大流難以堅持己見

人們很容易被他人的言行影響。聽到他人的觀點，看到他人的行動，人們會不自覺地放棄自己的想法，跟隨眾人的行為。還有些人因為沒有自己的主意或想法，所以就按照別人的言行行事，這說明個人思想一旦受眾人影響，自我控制的能力就會下降。

心理學家針對美國某大學心理系的學生做了一個實驗，目的在於考察他們的言行是跟隨眾人行為，還是堅持己見。心理系的老師首先向大家介紹了一個人，說他是德國著名的化學家，今天來到這裡是想向大家介紹一種他新發明的化學物質。這位化學專家拿出一個小瓶子，向大家介紹說，這是一種無色的化合物，打開蓋後，會在整個教室散發出一種惡臭的味道。他請大家聞一聞，聞到的就請舉手。這時他開始按馬表計算時間。15秒鐘的時候，前邊幾排大部分同學舉手示意他們聞到了臭味；到了一分鐘的時候，課堂上75％的學生都舉起了手。後來他們才知道，原來這位化學家只是一位德語老師，而瓶子裡的化學物質只是普通的蒸餾水，什麼氣味都沒有。

學生們之所以都相信這個化學物質有惡臭的味道，只是因為受兩方面影響：第一就是權威專家的誘惑。當他們知道站在臺上的人是化學界權威人士，就相信他說的任何話都是真實可信的。第二點就是從眾心理，一個人本來沒有聞到任何氣味，但是看到前邊幾排同學舉手，可能會疑惑自己的鼻子是不是失靈，他們更願意追隨大多數人的意見，於是不管聞到還是沒有聞到，都選擇相信別人。

在生活中，這種從眾心理屢見不鮮。例如日本發生地震，核電站洩漏的時候，人們聽說核能污染了海水，以後曬出來的鹽對人體有危害，所以在一些城市出現了「搶鹽狂潮」。其他地方的人聽說有些城市開始搶鹽，也失去了理智，他們大街小巷到處找鹽，接著越來越多的人加入「搶鹽」的隊伍。還有人想在外邊吃飯，看到一條街上的一家飯店門前排了很多人，就想這家店的飯菜做得一定是最好的，於是不惜花費一兩個小時排在後邊等。再一會兒，還有人經過，本來他們定好到哪兒吃飯，一看這個飯店人最多，就放棄了當初的選擇，也跟在後邊排隊，這個隊伍越來越長，受誘惑的人也越來越多。等人們進去吃完，可能會發現，這個排隊人數最多的飯店的食物味道只是一般而已，還不如自己當初選擇的小店好吃。這都是從眾心理為人帶來的影響。

在眾人的影響下，人性的弱點就會顯現，隨大流、沒有主見、失去理智、做出錯誤判斷。因為他們覺得大多數人的選擇是正確的，所以要與大眾保持一致，不能顯得太另類。大多數人會接受別人的觀點或行為，而不去思考自己行事的真實目的。他們在大眾行為和想法的誘惑之下，很難控制住自己。

社會心理學家所羅門・阿希做了一系列有關從眾心理的實驗。實驗室中有七個人一排的座位，真正的被試者坐在第六個座位處，周圍六個被試者都是實驗助手，也就是「托兒」。實驗開始了，被試者要求按座位順序依次回答問題。實驗人員先讓被試者看兩張紙，一張紙上是一條標準線段，另一張紙上有三條長短各異的線段。而被試者需要回答的問題就是，看三條線中的哪一條與第一張紙上的標準線段一樣長。如果要是真正的被試者單獨一人，相信他能做出正確的選擇，因為這種題目對於一個正常智商的人來說簡直太簡單。但是不幸的是，他被放在第六位來回答這個問題，這就容易對他造成困擾。

如果前邊五個人都選擇正確答案，真正的被試者也會選擇正確答案。如果第一個人選的是個錯誤答案，被試者會嘲笑他的愚蠢。第二個人也選擇錯誤答案，被試者會認為這是巧合。如果第三個、第四個人也選擇錯誤答案，被試者開始懷疑自己的眼睛。輪到第五個人時，他也選擇了錯誤答案，被試者的自控力底線徹底崩潰了。不管被試者最初的選擇是什麼，此時此刻，他顯然已經無法相信自己，只好選擇別人都選的錯誤答案。

實驗結果表明，一個人單獨回答問題時，正確率可達99%；當別人選擇錯誤時，有75%的人都會選擇錯誤答案。也就是說，群體人數越多，個人越難堅持己見。

「從眾心理」是十分普遍的社會現象，當人們受到來自群體行為或意見的壓力，就會放棄自己的想法去追隨大多數人，也就是我們常說的「隨大流」。別人都這麼做，我也這麼做；別人都這麼說，我也這麼說，就像自己不能控制自己一樣。

美國學者詹姆斯・瑟伯曾經描述了這樣一件好笑的事情。一天，一人突然在大街上向東奔跑，接著一個賣報的孩子也跑起來。再接著又見一個紳士匆匆忙忙地跑，可能有要緊事要辦。這三個人一跑，十幾分鐘之後，就在這條街上，幾乎所有人都跑了起來，而且神色慌張，大喊大叫著救命。這時街上跑的人越來越多，就像逃避生命災難一樣。從人們的叫喊聲中得知，他們以為河水決堤，覺得跑向東邊是最安全的。其實，第一個人奔跑只是趕時間去辦事，當奔跑的人越來越多的時候，人們就受到了從眾心理的影響，把一個本來很單純的奔跑，變成了一個大事件，這確實很搞笑。

有時候，我們會嘲笑別人「隨大流」，但事情真要落到自己頭上，我們也不見得能克制住自己。從眾心理很神奇，無論你有多麼強大的自我控制能力，遇到它也會不起作用。當你受到團體的誘惑，就失去了理智和方向，就會盲目跟風。我們需要時刻保持清醒的頭腦，客觀地去分析當前的形勢。當你感覺自己的意見和大家不一致時，先不要急著懷疑自己，靜下心來思考一番。當你考慮清楚了，再決定做什麼樣的行動。

道德許可效應：提高自控力，才不會縱容自己

人的思想都存在正反兩個方面，在好的行為準則之下，個人總會做出一些壞事。例如，一個慈善家用募捐來的善款買豪華轎車；一個知法守法的員警殘酷地對待罪犯；一個有家庭觀念的已婚政治家與其他女性有染。這些人都覺得自己有高尚的品質，對某事有自己明確的道德標準，但是他們在做與這項道德標準相關的行為和判斷時，更傾向於做違背道德標準的行為，這就是「道德許可效應」。

普林斯頓大學的心理學家貝努瓦・莫林和戴爾・米勒在普林斯頓大學本科生中做了一個調查。他們讓學生對兩個命題進行判斷，第一是大多數女人真的不聰明；第二是大多數女人相比出來工作來說，更適合在家看孩子。當女生看到這兩個命題時會非常生氣，她們明顯感覺到性別歧視；而男生看過後，也會對這些有歧視色彩的命題進行反駁。接著調查人員換了另外兩個命題，把之前

的「大多數」改為「有些」，就變為：第一，有些女人真的不聰明；第二，有些女人更適合在家看孩子。這樣一來，雖然還略帶性別歧視，但因為只是說一些人是這樣，所以學生們的態度中立一些。

做完判斷，調查人員模擬一個職位招聘場景，讓學生們從幾個做高層的候選人中選出最合適的人。候選人有男性也有女性，對於接受調查的學生們來說，答案應該是明確的，他們應該不會歧視女人。但是據他們所知，這些工作一直由男性主導，所以在選擇上也偏向於男性。結果表明，那些強烈反對性別歧視的學生更願意選擇男性來擔任職位，這明顯與他們的言論不符。

為什麼會出現這樣的結果？不僅我們震驚，心理學家也很震驚。按理來說，一個人表達了一種態度，他的行動應該與這種態度相互一致，這就是表裡如一。但是，調查結果卻和他們當初表達的觀點背道而馳。強烈反駁性別歧視的學生，感覺自己是高尚的，他們覺得自己獲得了道德許可證書，因此對自己的行為絲毫不加限制，做出了有性別歧視的選擇。

其實，這些學生真的沒有歧視的想法，只是他們感覺自己之前的表現太好了，於是就受這種感覺操縱，失去了自我控制能力。

這些人的自控力低下，不是意志力缺乏或者血糖含量低造成的，而是因為他們沒有意識到自己的不受控。因為他們覺得自己正因為能夠自控，所以才做出這樣的判斷，之後放縱自己的一系列行為，他們也都認為那是自我控制的結果。但實際上，他們把自己當作高尚品質的人，覺得自己那麼棒，應該得到補償，於是就向誘惑屈服，以至於忘了自己最初的想法。

我們想知道「道德許可」的邏輯是怎樣的，但是它真的沒有什麼邏輯可言。通常人們做了對自己美德滿意的事情，都會放縱自己做出衝動的事，就像一個人起早貪黑為工作奉獻，他就覺得用公款消費是應該的。因為一直相信自己仁慈善良，所以做出些不好的事情也情有可原。這是人的本能，很難找出一個符合這種思維方式的邏輯。

將某種行為冠以道德的名義，只會讓我們有矛盾心理。我們的前進的動力是獲得想要的東西，而不是受道德的激勵。如果為了必須完成某件事情，就該增強自控力，我們就會排斥這種強加的負擔。就像一個人總告誡自己要健身減肥、戒煙戒酒，就會認為自己的想法是高尚的。但是因為這些東西是你從道德的角度強加給自

己的，所以你很難控制自己去實現目標。

布琳達還有半年多時間就要和男友走入婚姻殿堂。她想讓自己變得更苗條一些，所以為自己制訂了減肥計畫。她決定每週到健身房三次，她能把每種運動消耗的卡路里計算清楚，例如爬臺階，她知道每分鐘消耗多少，跑步每分鐘消耗多少。這樣一來，到結婚的時候就能減到合理體重。但是因為她總是計算消耗掉的卡路里，所以不自覺地就會想到自己能吃多少卡路里的食物。堅持健身成為她的道德許可證，因此她更加放縱自己的不良行為，例如她在跑步機上多待了幾分鐘，就會在預先計畫好卡路里的食物中再添加一些東西，像是巧克力或起司餅乾。幾個月下來，她的體重不但沒有減輕，反而還增加了不少。

布琳達走入了道德許可布下的陷阱。她的目標是減重，於是把健身當作完成目標的必要方式。她覺得只要鍛煉了身體，就可以多吃東西，相當於把實現目標的行動和目標本身錯誤地聯繫在一起。當她做了和目標相符的行動，就覺得自己的積極行為是值得表揚的，但是她沒有把健康合理的飲食看作減重的另一個方式，於是放縱自己吃喝，反而忘了自己的真正目標。

我們最應該做的事情是將道德問題和普通問題明確區分，這樣才能避免走入道德許可的陷阱。我們都認為道德問題是對個人自控能力的挑戰，於是用抽煙喝酒、暴飲暴食，來驗證自己是高尚還是卑劣，但是這些事情不能成為道德問題，所以也不能用高尚、卑劣來形容。只不過，只要我們一把自己的行為道德化，自控能力自然就下降了。

破窗效應：千萬不要捅破第一個窗戶

生活中有一個有趣的現象：當某棟建築物的門窗被打破，主人因為忙碌等原因沒有及時對門窗進行修復，那麼最後這棟建築物的門窗幾乎都會被打破。心理學家將這種現象稱為「破窗效應」。

「破窗效應」的形成是由於環境因素對人的心理具有深刻的影響。當被打破的門窗沒有得到及時修復，就會對路過人形成一種心理暗示。例如，這是可以被打破的門窗；打破這個門窗的話不會被懲罰；這個建築物沒有人住，可以打破它的門窗。這種心理暗示一旦形成，就會使人不自覺地想要去打破其他完好的門窗。

同樣的道理，某段公路的綠化帶如果是完好無缺的，就會形成一個心理暗示：這裡不能通過。當有一個好事者將綠化帶的矮小灌木踩倒，形成一個可以過馬路的捷徑，那麼之後就會有很多人從這條新路上經過。這恰好印證了那句話——「世上本沒有路，走的人多了，也就成了路。」

我們知道，當捅破了第一個窗戶得不到修復，那麼還會捅破很多個窗戶。生活中，當開啟了某件事情的「第一次」，就很難避免「第二次」、「第三次」的發生。舉個例子，當我們每天都堅持準時上班，那麼就會一直堅持下去，覺得遲到是不好的。當有了第一次遲到的經歷，那麼下次快要遲到時就會覺得事情沒那麼嚴重，腳步也就不再急匆匆，結果就真的遲到了。在人的心理上其實很不喜歡去突破「第一次」，但是當突破了「第一次」，就會變得無所謂了。

當然，當你捅破了第一個窗戶，犯下了第一次錯誤，如果得不到及時的修復和改正，那麼人們對你的印象就會越來越差，猶如千瘡百孔的門窗。此後，即使你做了一件正確的事情，也不會得到別人的認可。這就好比在破了許多窗戶的建築物上刷油漆，依然改變不了人們對這個建築物的印象。

在很多電視劇對白裡，犯罪的人會繼續走在犯罪的路上，並說了一句意味深長的話：「我也是身不由己。」

很多時候，當人們的錯誤累積到一定程度後，就會產生破罐子破摔的心理。當第一個窗戶被捅破的時候，人們會想要將這扇窗戶修好。可是當破了第二個、第三個窗戶的時候，人們就會覺得無所謂了，反正再破一個也是這樣。最後，當所有的

窗戶都被打破了再去修復，人們就會覺得厭煩和艱難。所以，當人們的錯誤或者犯罪累積到一定程度的時候，就會產生「身不由己」的感覺。這就好比一直對學習表現不出積極情緒的人，等到這樣的慣性保持了好幾年再想要打破，就會發現非常難以改變。

那麼，當破窗效應到達了極致，人們要如何突破這個效應呢？

20世紀80年代的紐約曾經是世界上犯罪率最高的城市，在這個城市裡，每一分半鐘裡就會有一個犯罪事件發生。不少來到這座城市的商人、遊客都遭受了無妄之災，從此紐約變得讓人聞風喪膽。

當時，美國的心理專家認為紐約是陷入「破窗效應」的一個典型城市。人們在大街上公然搶劫，在地鐵車廂裡寫淫穢的語句，在街道上到處亂丟垃圾。心理專家認為，當越來越多的人犯罪，越來越多的人在車廂裡寫淫穢的句子，在地上丟垃圾，人們就會認為多自己一個也不多，並在環境的暗示下走上犯罪或者是破壞的道路。所以慢慢地，紐約成了一個地地道道的髒、亂、差城市。

不久，美國政府意識到紐約的混亂是國家的隱患，如果不整治，就會影響到美國的整體形象。為此，美國政府多方求援，其中包括請心理專家，最後狠下心，大力整治當地的治安。

為了表明整頓決心，美國政府花錢清潔了全部地鐵車廂，並派專人抓捕在車廂裡塗鴉的人，然後將其銬在月臺上以儆效尤。同樣的整治力度也擴展到街道的搶劫事件、丟垃圾行為等各個方面。經過長達三年的整治，紐約脫胎換骨，以嶄新的面貌再次成為世界著名的經濟貿易中心。

這就是心理學家想出的妙招——當人們無法阻止破窗效應的時候，乾脆改變整個破窗效應的環境。美國政府通過整頓犯罪的環境，讓「破窗效應」產生的環境消失，從而打破了惡性循環。

去他的效應：面對誘惑，一定要守住底線

心理學家彼得・赫爾曼曾經帶領自己的研究小組做了一個關於「去他的效應」的實驗，目的在於瞭解人在屈服於誘惑的時候，能不能因為罪惡感而控制自我。

被試者到達實驗室時，已經好幾個小時沒有進食，正如研究人員說的，他們已經到達「饑餓狀態」。這些被試者被分成三組，分別對待。實驗人員給一組被試者一小杯奶昔，讓他們先緩解一下饑餓感；接著給另一組兩大杯奶昔，讓他們一次就吃到飽；而最後一組被試者則沒有分到一點奶昔，他們仍然處於饑餓狀態。

接下來，實驗人員把這些被試者安排到一間裝有各種零食的房間內，裡邊放著幾碗烤薄餅和曲奇，外加一張評價表。實驗人員想看看不同饑餓程度的人面對零食的各種反應。被試者想吃多少就可以從碗中取多少出來，吃光碗裡的

還可以再向實驗人員索取。被試者以為自己吃得多，評分會更高，其實分數對於實驗人員來說並不是最重要的，重要的是被試者吃的食物的量對他們帶來的影響，以及節食的人和不節食的人在美食面前有何差異。

在不節食的一組被試者中，剛剛喝了兩大杯奶昔的人只是吃了一點點薄餅，然後就填了評價表；喝了一小杯奶昔的人，吃薄餅的數量稍微多些；一直處饑餓狀態，一點奶昔沒喝的人，一下子就吃掉了很多薄餅和曲奇。這一組人的做法，應該算是正常的反應。

對於節食組的被試者來說，情況就出現偏差。喝了兩大杯奶昔的人本來應該是肚子最飽、最吃不下東西的，但是他們的行為令實驗人員驚訝，他們吃的東西居然比好幾個小時沒有進餐的被試者吃的東西更多。實驗人員不敢相信，為了進一步證實結論的正確性，他們反覆用實驗進行論證，結果與第一次實驗是相同的。

節食者在心中已經為自己設置好每日的進食量，當他們有一天一旦進食超過了這個限量，就會控制不住自己而食用更多的東西。實驗人員把這個行為稱為「去他的效應」。就像實驗中提到的，節食的人因為在實驗中一下就喝了兩大杯奶昔，這明顯超過了他們給自己限制的食量。他們知道今天的節食計畫落空，所以就會想：「去他的吧，反正計畫泡湯，今天先把肚子填飽再說，節食的任務交給明天處理吧。」他們的腦海中只有把握今天這一個概念，而不去想今天的放縱會讓自己增加多少熱量，增長多少斤肉。反正已經罪惡了一次，就放縱到底吧！

人們受到「去他的效應」影響，意志力就會失效。為了滿足自己一番，就多吃一口，但是多吃之後又會悔恨，接著就更加放縱自己。總之，對於想節食的人來說，這是難以逾越的鴻溝，面對挑戰，意志力居然難以抑制衝動。

一家大型商場發生了一起盜竊案，八只名貴的金表被盜走，損失金額達到十六萬美元。就在案子尚未偵破的時候，縱橫商場數十年的雷克夫人恰好來到此地批發貨物，當時雷克夫人隨身攜帶了四萬美元。到達酒店後，有人在談論這樁案子，並將盜賊說得神乎其神。據傳言，如果能和盜賊私下達成交易，五千美元就可以買到一只金表，八只金表僅需要四萬美元，轉手後就可以淨賺12萬美元。雷克夫人一聽，不禁想：「難道真有這樣的好事嗎？」

儘管道聽塗說終歸是不靠譜的事情，雷克夫人卻對金表的事情動了心，一天時間內有關金表的話題多次在她耳邊響起。當天夜晚，正當她準備入睡，床頭的電話鈴聲響起，雷克夫人順手拿起電話，聽筒內傳來一個神秘的聲音：「雷克夫人，我知道你是做大買賣的，手裡不缺錢。」

「你是誰，你想幹什麼，難道就不怕我打報警電話嗎？」

對方沒有直接回答她的問題，而是說：「請不用擔心，我不會對你造成任何傷害。可能你也聽說商場金表被盜的事情了吧。這幾只金表在本地不好脫手，若你感興趣的話，我們可以做一筆交易。」

對方說到這裡，雷克夫人完全明白是怎麼回事兒了。對方見她沒有回答，又說：「你完全沒有必要擔心金表的真假，如果你實在不放心的話，我們可以找一家珠寶店進行鑒定，你覺得怎麼樣呢？」

雷克夫人又驚又喜，這筆生意可獲取的利潤要比其他一般生意豐厚許多，於是便答應面談。最後雷克夫人以四萬美元買下了傳說中被盜的八隻金表。

買完金表後的第二天，雷克夫人拿起金表仔細觀察，感覺金表有些地方不對勁，於是便把金錶帶到相熟的珠寶店鑒定。鑒定的結果差點讓雷克夫人瘋掉，這些金表都是假貨，八只金表的價值加起來也只值幾千美元而已。直到這幫騙子落網後，雷克夫人才知道從她一進酒店把錢寄放在櫃台時，騙子就已經盯上了她，而她聽到的有關金表的話題也是騙子們設下的圈套……

雷克夫人沒能抵擋住誘惑，成為「去他的效應」的犧牲品。所以，一定要隨時提醒自己，欲望很可能讓你失去一切，欲望會直接點燃起你心中貪婪的火焰，最終會把你燒得體無完膚。

那麼，如何打破「去他的效應」呢？顯然不是強迫自己不被眼前的東西誘惑，而是用「自我諒解」的方式。也就是說個人遇到挫折，持自我同情態度的人比持自我批評態度的人更願意承擔責任，也更願意接受別人的回饋和建議。

當你原諒了自己的放棄行為，而不是悔恨，你會發現這個資訊傳入大腦後，你居然能約束自己的內心。就好比喝了兩杯奶昔的節食者告訴自己反正減肥計畫失敗，多吃點薄餅也沒什麼關係。當你原諒了自己的行為，你會發現現在吃薄餅的數量，比帶著罪惡感去吃時反而大大減少。你為這個行為感到驚奇，但人就是這樣，放縱自己的時候不要過度苛刻自己，你就會發現你的自控力也是很強的。

權威效應：不被權威所左右

「人微言輕，人貴言重」，這句話包含了一個非常普遍的心理學效應，那就是「權威效應」。權威效應是指，如果一個人地位高，名聲大，他說的話就更容易受到人們的重視，人們更願意相信其正確性。

「權威效應」之所以存在，是由人們的「安全心理」造成的，人們覺得權威人士在他所在的專業領域裡比普通人懂得多，研究更深入，所以願意相信他們。但是，這個心理慣性有時候會成為思考和做事的阻礙，限制我們的思維。

雖然說，崇拜權威的心理優勢可以幫助我們更好地學習成功者的智慧和經驗，擴大自己的視野。但如果過於崇拜權威，而從不去懷疑他們，總是按照他們提出的「真理」做事，那樣只會阻塞我們的思維通道，影響自身創造力的發展，久而久之，這種盲目崇拜權威的心理會將我們塑造成一個僵化的、盲目的、平庸的「傀儡」，試問一個傀儡又怎麼會取得傲人的成就呢？

愛因斯坦曾經說過：「從少年時代起，我就對所有的權威說法持有懷疑態度，對社會上的任何資訊都抱有懷疑態度，這種態度一直陪伴著我，直到現在。」有些時候，真理並不完全存在於世俗的老舊觀念裡，也不存在于這些「權威說法」中。我們要敢於打破世俗的框架，學會向權威質疑、向權威挑戰。

其實對於每個人來說，想要在某一個方面取得進步和成績，都必須經過這樣一個循序漸進的過程，即發現問題，提出問題，思考問題，解決問題。一個人想要提高自己、達到自己的人生目標，就必須豐富自己的創造性思維。如果我們對於現有的一切都感到理所當然，那麼就只能原地踏步，永遠都無法擁有獨特的思想。所以要發現問題，提出問題，進而思考問題和解決問題。

世界上有很多偉大的科學家，他們就非常善於發現問題、提出問題、思考問題和解決問題。在任何人的眼中，他們的成就都是偉大的，他們的魅力也都是獨一無二的。義大利著名的物理學家伽利略就是一個非常典型的例子。

在伽利略之前，人們對於自由落地的物體的認識是基於亞里斯多德的理論。亞里斯多德認為，不同品質的物體下落的速度也不同。物體的下落速度和其品質成正比，品質越大的物體，下落的速度越快。

這個理論成為人們心目中的權威理論，即使一個簡單的實驗就能夠證明，人們也沒想到要去驗證一下，這種盲目的認識一直持續了一千七百多年。

伽利略看到這個理論的時候，認為這和自己的生活經驗不一致，他大膽地對亞里斯多德的學說提出了質疑。但是，很多人都在批評他，認為他不該質疑偉大的亞里斯多德。伽利略難以一一說服那些反對者，他決定用實驗告訴大家結果。

一天，比薩斜塔下，不斷有人聚集過來，大家都等待著見證伽利略的實驗，事實上，多數人都在等著看伽利略的笑話。物體自由下落的速度與物體的品質無關，這怎麼可能呢？偉大的亞里斯多德已經對這個現象下過結論了，為什麼這個年輕人就是不相信呢？人們議論紛紛，一些亞里斯多德的擁護者滿臉怒容，認為伽利略褻瀆了權威。不過結論馬上就要出來了，再等幾分鐘，究竟誰是正確的就有了定論。

在比薩斜塔內部，伽利略正在做最後的準備，他把一磅重的鐵球和十磅重的鐵球一起拿在手裡，吩咐助手為他清理出一片空地，然後緩緩向塔頂走去。

作為當事人，伽利略反而更加平靜，他對自己的理論很有信心，類似的實驗他已經做了無數次了。

突然，斜塔下面人群一片騷動，原來是伽利略出現在了塔頂。只見伽利略微笑著看了一下下方的人群，他並不言語，但是舉手投足信心滿滿。向助手示意之後，伽利略將兩個品質相差十倍的鐵球同時放開。結果不言而喻，伽利略在短短幾秒鐘打消了人們的懷疑，也擊碎了人們心中的權威論斷。

如果伽利略也和其他人一樣，認為古代的大賢者的說法是毋庸置疑的，而不去發現這其中的問題，不去思考這其中的問題，他能夠取得如此大的成就嗎？他能對後世產生如此大的影響嗎？當然不能！

可以說，科學上的很多重大發明和發現，都需要對當時已有的那些說法提出自己的疑問。只有這樣，這些科學家、發明家們才能夠激勵自己進行探索。如果說，他們總是墨守成規，不去思考那些看起來不合理的事情其中有哪些問題，那他們的知識又怎麼能夠豐富起來？理所當然地，也就沒有了這些新思想、新事物的產生，整個世界也就無法再前進了。

有人說，盲目服從要比主動犯規更加有害。這句話說得十分正確。一個人如果只會盲目地循規蹈矩，那他就永遠都無法擺脫別人的陰影，也永遠都無法擁有創造性思維。現實生活中，人們總是對所謂的「專家建議」、「專家判斷」、「專家方法」等一系列的「權威」性指導深信不疑。甚至有些人會將這些專家語錄作為真理而全盤接收。其實，即便是某個領域的專家，他們對事情的判斷也難免會出現偏差。盲目地崇拜權威有時只會引導我們走向錯誤，這對自身的發展和創造力的發揮都是非常不利的。

想要開發自己的個性思維和創造性思維，想要與眾不同，就不能鸚鵡學舌，不能一味地盲從所謂的「權威」。我們要有獨立思考的能力和積極進取的精神，學會用自己的眼光去發現問題。並且要敢於質疑權威、挑戰權威，大膽地提出自己的見解和主張。然後憑藉著自信心和自強的心理，想盡一切辦法，克服困難，突破阻礙，直到取得成功。

第二章

強化內心：做堅不可摧的自己

人生是一場單程的旅行，奔跑於風雨中。只要有風景的劇情就會有心傷，沒有誰能躲得過劇情裡的際遇起伏。當環境不能改變時，當命運不能逃避時，當生活需要勇氣時，當我們選擇好方向時，首先要做的就是建立起強大的自信心。

杜根定律：自信比什麼都重要

美國職業橄欖球聯會前主席D・杜根曾經提出：「強者不一定是勝利者，但勝利遲早都屬於有信心的人。」這句話後來被人稱為「杜根定律」。

這句話的核心講的就是信心可以決定一個人的人生成敗。在現實生活中，我們經常會聽到這樣的話：「我行嗎？我可以嗎？」說這些話的人往往是缺乏自信的人，從心理學的角度分析，這就屬於一種自我暗示，是在提醒一個人不行，無法勝任。往往這種缺乏自信的人在事業上都不會成功，因為他們畏懼困難，害怕失敗。反而那種經常說「我一定可以」、「我一定行」的人會比較容易成功，因為他們無所畏懼，對自己充滿信心，毫不懷疑自己的能力。

對自己失去信心的人，即是否定自己價值的人，他們終將失敗，即使不會失敗，也是碌碌無為地度過一生。相反那些對自己持肯定態度的人，做事一般都會有良好的結果。因為，他們對自己有信心，相信自己是最好的，他們總是堅忍不拔地

向著更美好的生活前進。對於失去信心的人來說，他們在心裡只深信自己是二流的，永遠不能走上成功的舞臺，不時地會對自己產生厭惡感，對自己不太尊重，看不起自己。這些原因，導致了他們總是回避生活的挑戰，面對需要得到說明的人，總是不能向前再走一步去幫助他們，始終在想自己的幫助對別人可能根本就派不上用場。其實我們應該相信一句話：「天生我材必有用。」沒有誰是無用的，就看你如何對待自己。

有世界第一執行長美稱的前通用電氣公司董事長傑克・威爾許就是一個靠著自信成功的商業領袖。從一八九一年加入通用電氣起，在短短20年時間裡，傑克・威爾許奇使通用電氣的市值達到了四千一百億美元，增長三十多倍，世人稱他為「中子彈傑克」！

傑克・威爾許出生於一個典型的美國中產階級家庭裡，他是父母結婚16年之後的愛情結晶，他是家裡的獨子。由於父親在波士頓與緬因鐵路公司上班，每天早出晚歸，所以照顧和培養傑克的重任就落在母親的肩上。

傑克的母親在孩子的教育上和其他獨生子女的母親不太一樣，她對傑克的教育更注重於培養孩子的自信心，她的關心主要體現在提升傑克的能力與意志上。母親經常對傑克說：「哦，親愛的，你真棒，你太厲害了……」儘管傑克很多時候做得並不是很好，母親還是會說：「親愛的傑克，沒有想到第一次你就做得這麼成功，再來一次肯定更棒……」每到這個時候傑克就對自己充滿了信心。已經成年的傑克還是有些口吃，但是母親卻對他說：「親愛的，這並不是什麼缺陷，只是你的思維比說話的速度快些而已！」結果，傑克也並不認為口吃是自己的毛病，而事實上，所有注意到這一點的人都對傑克產生了一些敬意。美國全國廣播公司新聞部總裁邁克爾很敬佩他，甚至開玩笑說：「他真有力量和效率，我真恨不得自己也有口吃。」

傑克一直都很尊敬甚至崇拜自己的母親，他從母親那裡學到了自信，也知道只有自信的人才能主宰自己的命運。他曾經這樣說自己的母親：「我的母親很有權威性，她總讓我感覺自己什麼事情都能幹，是我母親訓練了我，讓我學會了獨立。每當我的行為稍有越軌時，她就會嚴厲地批評我，不過一般都是從正面且有建設性的角度來對我進行教育，這樣還能夠促使我振作起來。她從不說任何多餘的話，總那麼堅決、積極和豪邁。我一直對她心服口服。」

傑克認為，一個人所經歷的一切都會成為建立自信心的基石。傑克的中學畢業成績可以確保他進入當時美國最好的大學，可是由於種種原因他最後進入了麻州大學。起初，他並不高興，甚至還感到有些沮喪，可是進入大學以後，他的想法就改變了，後來他就很慶倖自己上的是麻州大學。因為傑克當時如果選擇麻省理工學院的話，那裡面人才濟濟，比傑克能力強的人比比皆是，他就會被能力強的同學壓住鋒芒，也許永遠不會受到重視。但是，在這所較小的州立大學裡，他獲得了更多的自信。傑克是麻州大學最出色的學生，可見他當初沒去麻省理工學院是正確的。傑克．韋爾奇曾對自己的大學生活這樣描述過：「我堅信我在這裡所經歷的一切都會成為日後成功的基石。」

後來，傑克．威爾許表示：「通用電氣公司的一個核心價值觀就是自信，一切管理都是圍繞『自信』展開的。」

當一個人犯錯誤很沮喪的時候，經常會有人說：「金無足赤，人無完人。」是的，一個人不應該為自己的弱點和不足而感到自卑和絕望，也不要被嚇得止步不前。其實，往往一個人勇敢地往前邁出自己堅定的腳步，那麼很可能就會成功，因為成功都是屬於那些擁有自信的人。

假如一個人被任命為這個工作的負責人，不管之前有沒有做過，只要有信心，什麼事情都是順其自然的，員工工作內容和時間的安排，能力的考核，只要這個人做得合理，就會得到其他員工善意的回應，久而久之就會得到所有人的認可。那麼，這個人自然就成了其他員工心裡的核心人物了。就是這樣，工作中簡單的事例，往往只要有信心邁出第一步，那麼就成功了一半了。所以，在做一件事時，不要總是過分誇大困難，覺得自己能力不足，還沒有開始做就被困難壓得抬不起頭，那怎麼還能迎著困難前進呢？自信是一個人取得成功的基本保障，也是一個人在社會上生存的必備條件。

特里法則：正視錯誤，內心才能更強大

美國田納西銀行前總經理特里指出：「承認錯誤是一個人最大的力量源泉，因為正視錯誤的人將得到錯誤以外的東西。」這一管理名言被稱為「特里法則」。

任何人都不應該利用各種藉口來推卸自己的過錯，這樣就不會忘卻自己應該承擔的責任。要想從錯誤中得到額外的東西，那麼首先你必須拋棄找藉口的理由。

山姆是一個從美國回香港的年輕建築師，他不僅非常有才華，而且具有責任心，所以無論是在香港還是在內地，他的工作進展得都比較順利。有一次，公司在內地進行一個房地產項目，於是就派遣山姆前往內地擔任主任建築師。項目開始不久，他就發現了自己的團隊在設計上犯了一些錯誤，怎麼辦呢？山姆當機立斷，馬上召集包括開發商在內的所有相關人員開會來研究解決辦法。在會上，山姆首先承認了錯誤，並提出了修改方案。團隊中絕大多數是內地的

工程師，他們一邊聽一邊用驚訝的眼光注視著山姆，有人則表示那是些小錯誤，沒必要進行修改，以免耽誤了進度。對此山姆表示不同意，他說道：「如果現在不及時糾正這些小錯誤，等以後房子蓋起來問題就嚴重了，到時候，這種無可挽回的損失誰也承擔不起啊！」接著，山姆又誠懇地向開發商致歉：「對不起，是我們的工作沒做好，不過會好好修改的，請大家放心。」會後，開發商找到山姆，說：「沒想到你會這樣主動承擔責任，你的修改方案我們也很滿意。」事後，山姆感到開發商對公司和自己不但沒有產生懷疑，反而更加尊重和信任了。經過這件事，他更加堅定了要勇於承擔錯誤的人生信念。

承認錯誤只是走出了第一步，還要認真反省，重新計畫，提出切實可行的修改方案和措施，這才是真正意義上的承擔錯誤。很多時候，錯誤雖小，也很容易糾正，但是如果你不及時去改正，那麼這個錯誤就會像滾雪球一樣越滾越大，最後想改也改不了，甚至還會造成無法彌補的損失。

在一個冬天的下午，刮著大風，過往的行人都裹緊了大衣，生怕衣服被風卷走了。這時，只見一個搖著輪椅的殘疾人在拼命地追趕飄散在風中的幾張報紙。他用盡全身的力氣想抓住它們，然而風實在太大了，經過一番努力後還是沒能抓到幾張。

有幾個過往的行人過來幫忙，最終大家費了九牛二虎之力才幫他把報紙都撿了回來，此時有一位行人好奇地問他為什麼追趕這些報紙？

這位殘疾人坐在輪椅上說：「今天中午，老闆讓我將幾捆報紙送給客戶，同事幫我放到輪椅上後，我也沒有看，就直接搖著輪椅給客戶送過去。到了客戶那裡後，我才發現少了一捆，於是趕緊回來找。卻看到那捆報紙掉在了路旁的樹底下，被風吹得到處亂飛，沒有辦法，只能一張張地撿……」

「可就憑你自身狀況很難解決這個問題，你為什麼不向老闆說明情況呢？」有人問道。

殘疾人沉默了片刻後，說道：「為什麼我不自己解決問題呢？畢竟錯誤是我自己犯下的，我必須要這麼做。」

每個人都不是完人，總有自己的缺點，也難免會犯一些錯誤，正所謂「人非聖賢，孰能無過」。很多人都會在犯錯誤的時候，想隱瞞自己的錯誤，害怕承認之後會很沒面子。其實，承認錯誤並不是什麼丟臉的事情，從某種意義上來講，還會得到別人的尊重。因為自己主動認錯總比別人提出批評後再認錯更容易得到別人的諒解。更何況一次錯誤並不會毀掉你在大家心目中的形象。對於那些總是不願承擔責任、不願改正錯誤的人，在需要幫助的時候，大家會敬而遠之。

歌德曾經說過：「最大的幸福在於我們的缺點得到糾正和我們的錯誤得到補救。」當我們犯下錯誤時，要勇敢去面對，吸取教訓，才可以及時補救錯誤所帶來的損失，才能以嶄新的面貌去迎接自己的新生。

實際上，一個人勇於面對自己的錯誤，包括自身的缺陷，不但可以清除思想中的罪惡感，還可以在心理上獲得某種程度的滿足感。每個人在生活的路上總會犯下這樣或那樣的錯誤，有時候它們會殘忍地摧毀人的自信心和意志力，嚴重時還會葬送掉原本光明的前程。因此，按照特里法則，如何面對過錯是很重要的。首先，要敢於面對、敢於承認，要知道，一個人敢於面對並坦承錯誤，是正確認識自己的重要表現，只有不自信的、分不清自己缺點與優勢的人才會害怕承擔後果；其次，還要始終保持一種樂觀積極的心態，相信這只是開始，不是結束。強大的、積極的精神狀態使人們在面臨暴風驟雨時勇往直前。

絕境定律：讓潛能爆發出來

人在絕境或沒有退路的時候，心裡最容易產生爆發力，展示出非凡的潛能。如果想在最惡劣、最不利的情況下取勝，最好把所有可能退卻的道路切斷，有意識地把自己逼入絕境，只有這樣才能保持必勝的決心，用強烈的刺激喚起那敢於超越一切的潛能。美國傑出的心理學家詹姆斯的研究表明：一個沒有受逼迫和激勵的人僅能發揮出潛能的20%～30%，而當他受到逼迫和激勵時，其潛能可以發揮80%～90%。後來，人們把這一發現稱為「絕境定律」。

曾經有一位牧羊人，他發現自己養的羊都非常孱弱，甚至有的母羊生下的小羊羔連站立都成問題。他曾經試過各種辦法來試圖解決這個問題，什麼增加牧草的品質、增加營養，為羊打防疫針等，但這種狀況仍然沒有起色。同樣是牧羊人，他隔壁的農夫既沒有他那樣好的牧草，也沒有像他那樣大的牧場，但農夫的羊卻比他養的羊壯碩得多。

於是，第二天早上，牧羊人去拜訪了這位農夫，並說明了來意。這位農夫非常樂意為牧羊人解惑，所以邀請他一起去放牧，牧羊人開心地答應了。到了山上，牧羊人發現農夫只是將羊群趕到山坡上就坐在石頭上抽起煙來，牧羊人非常驚訝，於是他問道：「你就這樣放牧嗎？如果羊群走丟了怎麼辦？如果狼來了怎麼辦？」農夫憨厚地笑了笑說：「羊群有頭羊，自己會找到家，如果狼來了就跑唄。」牧羊人豁然開朗，在拜謝過農夫之後回到了家中。

為什麼牧羊人的羊要比農夫的羊孱弱那麼多呢？因為牧羊人給羊提供的環境實在是太好了，羊不必再為自己的生命擔憂，所以它們的精神就開始放鬆。久而久之，由於缺乏緊張感，羊的體質自然會開始變弱。而農夫則不同，他雖然沒有良好的環境，沒有優質的草料，但他讓羊保持了逃跑的天性，由於羊在野外放牧既要吃草又要隨時注意自己的周圍，所以它們的精神時刻都是保持緊張狀態的，一旦有什麼風吹草動，它們就會立刻逃走，所以自然解決了羊身體孱弱的問題。其實農夫運用的方法非常簡單，無非就是通過外部的刺激來讓羊保持精神的高度集中，繼而釋放出羊自己的潛能而已。

對於人而言，道理是一樣的。人們常常抱怨這個社會，抱怨這個世界，說這個社會埋沒人才，或是說一些什麼「千里馬常有而伯樂不常有」之類的話。其實仔細想一想，這個社會是公平的，一般自己的才能遭到埋沒，多半是因為人們自身的原因。懶惰、安於現狀、不思進取等等這類自我埋沒的現象在當今社會屢見不鮮。如果能經常利用外界的刺激來激發自己的潛能，那我們在做事時就會多一分幹勁兒和毅力，事情自然也會被更順利地完成。

壓力和危機之下，我們的膽識也會隨之成長起來。最後，刺激、潛能、幹勁、毅力、信心等將會形成一個良性迴圈，便於我們發揮自身的才能。

一九六〇年的美國總統大選，約翰・甘迺迪和理查・尼克森是競爭對手，在他們準備進行一場全國的電視辯論前，很多政治分析家都不看好甘迺迪，因為他太年輕了，沒有什麼名氣，說話的時候波士頓口音很重。這些缺陷都非常致命，所以，大家認為最後的勝利應該是屬於尼克森。

電視辯論賽開始了，人們看到甘迺迪在電視上，說話雖然有點口音，但是鏗鏘有力，富有激情，他的臉上自始至終一直洋溢著自信的光彩。再看看他旁邊的尼克森，他看上去一臉風霜，顯得十分緊張，極不自在。據說正是由於這次辯論而改變了許多人的看法，甘迺迪向美國大眾成功地展示了自己。

電視辯論是總統展示自身才華以及應變能力的機會，候選人能否充分利用這個機會展示自己，是其能否擊敗對手的關鍵。甘迺迪由於出色的表現，在競爭中毫不膽怯，比對手激情更足，氣勢更強，把壓力甩給了對手，從而最終贏得了勝利。

我們都明白，兩個人爭奪一件東西或是爭論一個問題的時候，總是會不遺餘力地展現自己的優勢，試圖超過對方，這種心理就是提升自我的動力。

要相信自己，你不是沒有競爭力，而是你自己刻意地掩蓋了自己的好勝心和鬥志。喚醒潛藏在你身體裡的競爭精神，然後果斷地跟隨它大步前進。不要說自己天生就不具備競爭精神，有時候後天的努力和勤奮可以改變任何事情。有好勝心並不是壞事，適當的求勝欲望是達到一切目標的動力。一個人，一個企業，都是只有在競爭的環境中敢於競爭，適應競爭，才能在競爭中脫穎而出。

冰淇淋哲學：在逆境中綻放嶄新的自己

夏天是冰淇淋的暢銷期，那麼，我們是否就從夏天來臨的時候開始賣冰淇淋呢！心理學家告訴我們這樣的做法是錯誤的，正確的做法是，賣冰淇淋必須從冬天開始。

雖然對於冰淇淋來說，冬季是淡季，是冰淇淋銷售商的逆境，但是，這樣的逆境卻會迫使我們降低成本、改善服務、磨煉技能。如果能在冬天的逆境中生存下來，那麼到了夏天這樣的旺季，我們必能大有所為。

心理學家們將「要想成功地賣冰淇淋，就要經歷冬季這樣的逆境的磨煉」這一法則稱為「冰淇淋哲學」。心理學家們指出，在追求的道路上，只要擺正心態，逆境就不是阻礙，它可以磨煉我們的心性、能力，激發我們的心理潛能，推動著我們去獲取更大的成功。

「二戰」期間，有位剛結婚不久的新娘隨丈夫駐防加州，駐地就在沙漠的邊緣。這裡的條件惡劣得遠遠超出了她的想像，她和丈夫臨時居住的小木屋，坐落在距離印第安村落非常近的一塊空地上。由於晝夜溫差大，白天太陽炙烤著大地，小木屋完全暴露在陽光下，裡面酷熱難耐，氣溫高達攝氏40度以上；到了晚上，氣溫驟降，屋內像個冰窟窿，加之周圍沒有遮擋物，大風卷著塵沙，順著縫隙，灌入屋內，讓整個屋子佈滿塵土。氣候之惡劣，條件之艱苦，這位新娘還能夠忍受。可是丈夫天天要到外面站崗放哨，把她一個人留在家裡，寂寞、無聊像毒蛇猛獸般時刻撕咬著她的心靈。

有一天，丈夫很晚才回來，告訴她一個不願聽到的消息。丈夫所在的部隊，接到上級命令，要去外地參加兩周的演習。聽到這個消息，她委屈的淚水「嘩」地一下流了出來。

她想阻攔丈夫不要離開自己，丈夫更是不忍心把她一個人留在這個近乎蠻荒之地的地方。可是，服從命令是軍人的天職，他不能因為自己的妻子而擅自違反紀律。第二天，妻子眼含熱淚，將丈夫送走。返回屋內，她一個人顯得更加寂寥，於是便想到了自己的母親，希望能從母親那裡尋求溫暖與慰藉。

她拿起筆，飽蘸痛苦與辛酸給母親寫信，希望母親早點出現在她面前，以最快的速度接她回家。信寄出後，她天天站在小木屋後面的高崗上，盼望母親的身影出現。讓她沒有想到的是，母親沒有來，部隊裡的相關人員送來了母親寄給她的信。

她接到信後，讓她感到十分意外的是，母親並沒有對她的處境表示同情，僅僅寫了一句話：「監獄裡住著兩名囚徒，他們站在窗前向外眺望，其中一人看到窗前的泥巴，另一個人抬頭眺望天空，看到天上的星星。」

當時，她無法理解母親這句話的含義，經過一夜的思考，她終於明白母親的用意了。在這句話中，母親告訴她，身處逆境的時候，要勇敢面對現實，在現實中尋找自我，做那位看星星的人。

想到這裡，她翻身起床，洗漱以後，重新拿起母親寫給她的信，說：「媽媽，謝謝你的鼓勵，在逆境中我一定會振作起來，我一定會成為那個尋找天上星星的人。」

從那以後，她完全像變了一個人似的，不再抱怨和痛苦，她走出自己狹小的空間，主動與當地的印第安人交朋友，向他們學習語言、編制和製作陶藝等。作為回報，她將廚藝傳授給印第安朋友。就這樣，日子一天一天在她的忙碌中過去了，通過當地的印第安人，她瞭解到印第安的歷史、文化、風俗。接著，她喜歡上了沙漠，在她眼裡，沙漠不再是一個荒涼的不毛之地，而是到處充滿神奇與美麗的地方。

「二戰」結束後，這位曾經被沙漠折磨得近乎瘋狂的女人，成為一名沙漠專家，為治理沙漠提出了自己的見解與觀點，不僅如此，她還寫了一本關於沙漠與沙漠居民的暢銷書。

這個故事告訴我們，當人身處逆境之中，想要突破生活的樊籬就必須調整自己的心態，以積極樂觀的人生態度去迎接人生的各種挑戰，將一切煩惱都拋諸腦後。一個擁有良好心態的女人，就等於成功了一半。當無法改變外界環境時，必須做出自我調整，從自己的內心進行改變，繼而適應當時的環境。就像故事中那兩個被關在監牢中的人，一個向窗外望去看到的泥巴，另一個看到的卻是滿天繁星；看到窗外泥巴的人是悲觀者，對人生充滿了絕望，眺望天上繁星的人是樂觀者，看到的是生活的希望。

身處逆境，一定不能喪失希望，即使處在最艱苦的環境中也不能悲觀，否則就是讓自己在失敗的深淵裡越陷越深。面對逆境，不妨對自己說：我相信自己，一定能改變這一切。大凡成功者，均能在逆境中依然保持樂觀的心態，而失敗者總是逃避現實，自暴自棄。那麼，當我們身處逆境時，該如何調整自己，讓自己處於最佳狀態呢？

人的一生遇到挫折，身處逆境是在所難免的。如果你一直保持悲觀失望的態度，整日唉聲歎氣，怨天尤人，那你將永遠走不出逆境的牢籠，只有振作精神，才是最好的出路。

遇到挫折後，應及時調整心態，打起精神來面對它。勇敢地承擔自己應盡的責任來抵禦痛苦的襲擊，然後儘快地投入到工作和學習中。

努力工作可以讓人忘記痛苦，從中尋找到解決問題的方法，同時激發進取精神，更好地為未來鋪路。

跨欄定律：把挑戰困境看成一種享受

「跨欄定律」是由一位名叫阿費烈德的外科醫生提出的，它是指一個人在跨欄的時候，橫擋在自己面前的欄杆越高，一個人也會跳得越高。也可以這樣說——一個人能夠取得多大的成就，關鍵看這個人所遇到的困難的程度，困難越大，成就越高。

在現實生活中，每個人都會遇到各種各樣的困難和挫折。也許兩個人的能力相差並不多，但是兩人的人生目標不一樣，所遇到的困難的大小也不盡相同，目標小的困難就小，就很容易解決；但是目標大的困難就大，克服起來就更加困難，但是一旦克服了，所取得的成就就會比前者大。就像色盲的人往往會成為知名的畫家、盲人的聽力會比常人更好……

鄭板橋曾經寫過一首這樣的詩：「咬定青山不放鬆，立根原在破岩中。千磨萬擊還堅勁，任爾東西南北風。」天道酬勤，堅持不懈，最終才能獲得成功。假如你想幹出一番事業，當困難出現在面前時，恒心特別重要，因為只有持之以恆才能成就它，要用堅持不懈、不輕言放棄的精神、持之以恆的耐性、矢志不渝的意志，來鍛煉自己的恒心。

塞勒斯・菲爾德先生在有生之年攢了一大筆錢，然而，退休後的一天，「鋪設一條連接歐洲和美國的電纜」這個想法突然閃過腦際，緊接著他又想到電纜必須橫穿大西洋。於是就開始為實現這項事業而做準備，並且全身心地投入其中。要建造一條長一千六百公里連接歐美兩大洲的電報線路並非易事。該線路需從紐約跨入波濤洶湧的大西洋一直延伸到加拿大的紐芬蘭。紐芬蘭六百五十公里長的電報線路需要穿過森林，這些森林地區人煙稀少，所以，要完成這項工作需要先建立同樣長度的公路，再建電報線路。此外，該線路還要穿越佈雷頓角的島嶼，路線長達七百公里，整個工程十分浩大，難度空前。

為了得到英國政府的資助，菲爾德使盡渾身解數，終於成功。議會上，許多人強烈反對他的議案，菲爾德只獲得一票支持。但這並沒有阻擋菲爾德前進的腳步——鋪設工作開始了。電纜一頭搭在英國旗艦「阿伽門農」號上——這艘旗艦停靠在塞巴斯托波爾海港；另一頭放在美軍護衛艦「尼亞加拉」號上，這艘豪華護衛艦是新造不久的。但是，就在鋪設到中途時，電纜突然斷了。

菲爾德不肯善罷甘休，更不願意放棄，於是進行了第二次試驗。當修了三百二十公里時，電源不知何故突然中斷，船上的施工人員非常著急，不知如何是好。就在菲爾德先生即將下令割斷電纜的一剎那，電流卻又出現了。晚上，船繼續向前航行，時速達六公里，也就是說電纜的鋪設也以六公里的時速進行著。這時，輪船忽然劇烈振動，並出現嚴重的傾斜，制動器緊急制動，無巧不成書，電纜又一次斷了。

但菲爾德不是在困難面前輕易放棄的人。他毅然決然地又訂購了一千一百三十公里的電纜，還出高薪聘請鋪設電纜方面的專家為他設計機器，這樣可以更快地完成任務。終於，兩艘有歷史意義的軍艦抵達大西洋並順利會合，電纜也成功接好，隨後，一艘朝愛爾蘭駛去，另一艘朝紐芬蘭駛去。但是電纜在兩船分開不到五公里時又斷開了，接上後兩船繼續前進。兩艘軍艦相離十四公里時電流又一次消失。第三次接上電纜後，鋪設了三百二十公里的線路，在距離「阿伽門農」號五公里處又斷開了，兩艘船最後只好返回愛爾蘭海岸休整。

大家都很失望，公眾輿論也開始質疑其成功的可能性，更致命的是投資者受到了一次次的打擊後，也對這一項目失去了信心，不願意再投入人力物力。只有菲爾德還在堅持，如果不是他百折不撓的精神、不是他天才雄辯的說服力，電纜可能永遠修不好。菲爾德不放棄，繼續為了理想而忙前跑後，甚至到了廢寢忘食的地步，他絕不甘心失敗。

這樣，又開始了第三次嘗試，成功之神開始被菲爾德感動了，這次總算進展順利，電纜全線貫通，沒出現任何故障，這條海底電纜還成功地傳送了幾條消息。事情似乎就要圓滿成功了，但不知何故，電流又斷了。

此時此刻，想要堅持下去的人只剩下菲爾德和他的一兩個朋友了，其他很多人都徹底失望了。但菲爾德仍然不放棄，他到處尋找資金，準備進行第四次嘗試。這次他們購買了品質更好的電纜。這次執行鋪設任務的是「大東方」號，它緩緩駛向大洋，一路順利地把電纜鋪設下去，最後，在紐芬蘭鋪設橫跨九百七十公里的電纜線路時，意外又一次發生了，電纜又斷了，沉入了海底。幾次打撈都沒有收穫。這項工作就因此被耽擱了下來。

但是菲爾德還是堅持不懈，任何困難都不能阻止他。他又出資組建新的公司，接著完成他的願望。他們潛心研究，終於製造出了一種性能更好的新型電纜。一八六六年7月13日，遠航的風帆再一次揚起。這次非常成功，第一份橫跨大西洋的電報在菲爾德的不懈努力中問世了！

電報內容是：「7月27日。我們晚上九點到達目的地，一切順利。感謝上帝！這次的電纜運行完全正常。塞勒斯・菲爾德。」不久以後，之前那條掉入海底的電纜被打撈上來連接到紐芬蘭。

菲爾德漫長的戰勝困難之路證明了只要持之以恆，永不氣餒，總會有意外收穫。人生道路，到處佈滿了荊棘，有著各種各樣的困難，有的人遇到一點兒困難就悲觀失望，受到一點兒挫折就灰心喪氣，而如果與別人相比，身體上有某種缺陷，則更是絕望不已，破罐子破摔，總認為自己比別人差了一截，不可能有什麼成就了，只能坐以待斃。

韋奇定律：培養意志力，讓內心更加強悍

即使你已經有了自己的看法，但如果有十位朋友的看法和你相反，你就很難不動搖。這種現象被稱為「韋奇定律」。它是由美國洛杉磯加州大學經濟學家伊渥・韋奇提出的。

「韋奇定律」有以下觀點：

一、一個人能夠擁有自己的主見是一件極其重要的事情；

二、確認你的主見是正確的並且不是固執的；

三、未聽之時不應有成見，既聽之後不可無主見；

四、不怕眾說紛紜，只怕莫衷一是。

不要讓閒話動搖了你的信念，需要有頑強的意志力。意志力是一種強勁的心理力量。意志力薄弱的人，遇到一些困難挫折就想要放棄，因此做什麼事情也難做好；意志力頑強的人，則會創造奇跡，獲得成功。

心理學家認為，一個人要想獲得事業上的成功，除了具備高智商、高情商之外，還需要有挫折商。所謂的挫折商，就是指一個人在面對挫折或者逆境的時候，內心的承受能力。調查研究表明，在智商相近的情況下，面對挫折時候的心理韌性對一個人的事業起著非常關鍵的作用。

確實，意志力是一個人心理強度的體現，是一種鍥而不捨、永不言敗的精神。意志力是人生成功或失敗的關鍵，孟子曾說：「天將降大任於斯人也，必先苦其心志，勞其筋骨，餓其體膚，空乏其身，行拂亂其所為，所以動心忍性，曾益其所不能……」可見，想要戰勝困難，頑強的意志力是必不可少的。

一些人在經歷過失敗後，會懷疑自己的能力，自暴自棄，或者是怨天尤人，抱怨社會對自己不公平。其實，這些人之所以自暴自棄，不是能力的問題，也不是命運不公，而是他們內心不夠強大，他們被困難嚇倒了，失去了奮鬥下去的勇氣。這樣的人有一個共同點，那就是他們認為挫折約等於失敗。成功者則從不言敗，他們會被打敗，卻絕不會被打倒。遇到挫折之後，他們不僅不會放棄，反而會以更大的耐心和毅力面對困境，最終擺脫困境。

如果一個人在面對困難與挫折時，沒有強大的意志力支撐，那麼他就會因為缺

乏勇氣而產生畏懼的心理，但往往人們的心中越是畏懼，困難就越發顯得無法逾越。如果一個人總是這樣退縮，那麼久而久之，他也只能成為一個平庸的人。反之，如果一個人的意志力非常強大，那麼困難和挫折對他來說，就是成功的催化劑，困難越是多，這樣的人成長得就越快。他們越挫越勇，以苦難作為自己的動力，走向自己人生的頂峰。

在現實生活中，有很多人在面對困難和挫折時，仍不輕言放棄，而是憑藉著自己堅強的性格知難而進、越挫越勇。正是因為他們這樣剛強的性格和頑強的意志力，才讓他們成了令人敬佩的人。

德蕾莎修女是「人間天使」、「貧民窟的聖母」，終身為窮苦人服務，因此獲得一九七九年諾貝爾和平獎。不少人也具有仁愛之心，也投身於慈善事業，論功績，論成效，卻無法望其項背，原因就在於意志力相差甚遠。她創建垂危之家，為病弱無依者提供住宿。她看護痲瘋病人和愛滋病人，募錢醫治他們的絕症。她安慰掙扎在死亡線上的流浪漢，傾聽他們最後的訴說。這些事情都是與死神打交道，做一天容易，做一輩子可不容易；為一個貧民窟服務容易，為許多國家的貧民窟服務可不容易；將一滴甘露滴入苦海容易，將源源不絕的甘露滴入苦海可不容易。德蕾莎修女不怕窮，不怕苦，不怕累，不怕髒，甚至不怕死，面對小巷裡撒腿狂奔的瘋牛和大街上氣焰兇悍的歹徒，她毫無懼色。

德蕾莎修女孜孜不倦地「做小事」，日復一日，年復一年，將愛心的雪球越滾越大，大到舉世矚目的程度。德蕾莎修女的體質並不強健，但萬死不辭的信念和百折不撓的意志力，助她渡過了所有難關，這樣的奇跡很難複製，但足以啟示人們：總是拿智商、情商、機會、機遇、才華、才能說事，只是一種藉口而已，意志力薄弱才是許多人的「痼疾」。在任何情況下，一個人意志力的強弱都決定著他生命力的強弱。

貝多芬曾說：「韓德爾是有史以來最偉大的作曲家。我極願跪在他的墓前。」韓德爾的代表作是清唱劇《彌賽亞》，這位「偉大得像宇宙一般包羅萬象的天才」（鋼琴家李斯特的讚語），一生遭逢過許多磨難：債臺高築，身體偏癱，創作低谷，眼睛失明……他倚仗頑強的意志力，取得了令人仰視的成就。偏癱了，他努力康復；跌入低谷了，他奮力振作；眼睛失明了，他的內心依然是光亮的。

在生活中，命運不會真正打敗一個人，有的人之所以完全失敗，只是因為意志力不足。一個擁有頑強意志力的人，即使遭遇困境，也會堅忍不拔，與挫折鬥爭，最終獲得成功。

反觀那些意志力薄弱的人，他們見到困難就首先想到退縮，受一點打擊就會抱怨、自卑。試問這樣的人又如何跨越障礙，取得成功？所以說，為了實現自己的理想，必須要同外部的挫折和內心的障礙進行鬥爭。

亞里斯多德曾經說過：「有兩樣東西比聰明的腦袋更加重要，一是人的心靈；二是人的意志。」是啊！只有擁有頑強的意志力，才能夠不懼萬難，才能在人生的旅途中實現自己的價值。

在追逐夢想的過程中，如果意志力不夠堅定，那就無法在自己的人生旅途中實現自己的理想，更不可能去攀登人生的至高點。所以說，訓練個人的意志力，提升個人的意志力是至關重要的。要鍛煉自己的意志，讓自己擁有強韌的內心，在人生最艱難的時刻咬牙堅持，把困難當作是墊腳石，一直堅強有力地走下去。

鯰魚效應：在危機中激發自己的鬥志

鯰魚是一種體長、口旁生有兩對鬚、生性十分好動的魚類。從前，挪威人在海上捕得沙丁魚後，希望魚在運輸過程中能活著抵達港口，因為活魚的價格是死魚的好幾倍。然而，只有一艘漁船能成功地帶活魚回港。人們紛紛探訪這位船長，想知道其中的奧秘，可他守口如瓶。直到老船長死後，人們打開他船上的魚槽，發現和別人的魚槽沒有什麼兩樣，只不過裡面多了一條鯰魚而已。他們琢磨以後終於明白：當鯰魚裝入魚槽後，由於環境陌生，就會四處游動，而沙丁魚發現這一異己分子後，也會緊張起來，加速游動，如此一來，沙丁魚便能活著回到港口。挪威的管理學家和心理學家們將這一現象稱為「鯰魚效應」。

日本著名企業家松下幸之助曾經說過：「長久不懈的危機意識是企業立於不敗之地的基礎。」對於個人而言，長期存在的競爭壓力是一個人永不停步的動力。我們通常在極其激烈的競爭中深感自身的「困境」，但如果沒有這些看似艱難的「困境」，你可能永遠都不知道自己的能力到底有多大。人的潛能是無限的，關鍵要看是不是能夠爆發出來。

有一個叫邦妮的女孩，上大學時很喜歡壘球運動，於是她報名參加了學校的壘球隊並與許多同學一起接受嚴格的壘球訓練。一天，教練讓同學們排成一排，練習擊球。大家都擊得很好，唯獨邦妮除外，她總是無法擊中目標。其他同學開始議論：「邦妮根本就不是打壘球的料。」邦妮懊惱極了，於是向教練請求離開球隊。不過教練沒有接受她的請求，只是對她說：「這不是你個人的問題，而是手套有問題。」第二天，教練送給了邦妮一副手套，並鼓勵她說：「這副手套曾幫助我打贏過不少比賽，戴上這副神奇的手套，你一定會成為最優秀的隊員。」教練的話果然應驗了，經過一學期的訓練，邦妮成為隊裡最優秀的隊員。

俄國著名戲劇家斯坦尼斯拉夫斯基在排練一場話劇時，女主角因傷不能參加演出。由於時間緊迫，他只好讓他的姐姐扮演這一角色。他的姐姐也是一名話劇演員，但從未演過主角，由於缺乏信心又十分緊張，他的姐姐在排演時表現得很糟糕。斯坦尼斯拉夫斯基非常不高興，但他卻笑著對姐姐說：「不要緊張，其實你可以表現得更好。這次你可是全戲的關鍵人物，我相信我的眼光，同時也相信你的能力。」這時全場響起了掌聲，大家都為他的姐姐加油打氣。他的姐姐很感動，堅定地對大家說：「我一定會做得很出色！」在接下來的表演中，他的姐姐一掃先前的拘謹、自卑、羞澀，表現得非常自信、真實。後來，這部話劇大獲成功，斯坦尼斯拉夫斯基幽默地對姐姐說：「話劇舞臺上又多了一位大藝術家。」

邦妮的成功，看似取決於那副手套的神奇力量，但很明顯手套自身不會有任何魔力。真正起作用的是邦妮在接過教練的手套的那一瞬間，挑戰了自我能力的設限，讓她認為自己可以借助手套做得更好。其實邦妮就是在擴大了自己原本設定的能力範圍後，重拾信心，並通過艱苦的努力，最後成為一名優秀的隊員。同樣的道理，斯坦尼斯拉夫斯基的姐姐演出成功，全是因為受到弟弟的鼓勵而挑戰了自我設限，使得積聚在她身上的表演潛能迸發了出來。

「鯰魚效應」折射出的理念，不管是對企業單位還是員工個人，都有非常深刻的警醒作用，競爭和激勵其實一樣重要。

在澳大利亞的大草原上有一個廣闊的牧場，牧場上狼群猖獗，常常輕而易舉地吃掉牧民們的羊。大家很擔憂，怕長此以往會把他們的羊吃光。於是，大家聯合起來向政府求助。政府接到求援，派出軍隊將狼群消滅殆盡。沒有了狼群的威脅，羊的數量很快增長了，牧民們也很快樂。

但不久之後，人們很快發現羊的繁衍能力越來越低，並且出生的小羊體質很差，羊毛的品質也遠遠不如從前。牧民這時才明白，原來沒有了狼群這個天敵，羊的繁衍能力和生存競爭能力也就逐步退化了。後來，大家又前去請求政府將狼群引進牧場，當狼群再次出現在牧場上，羊的數量雖然減少了，但生存和繁衍能力卻增強了，羊毛的品質也得到了提高。

同樣地，人類也是一樣，如果長期在沒有競爭的環境中生存，就會漸漸變得只會享受安逸，長此以往不思進取只能越來越碌碌無為。

在自然界中，「鯰魚效應」十分常見。科學家曾觀察過大自然中的鹿群，他們發現，如果一個鹿群的活動區域內沒有狼等天敵，它們缺少危機感，不再奔跑，身體素質就會下降，種群繁衍就會大受影響。

很多人都把對手視為心腹大患，是自己的眼中釘，恨不得馬上能除之而後快。其實，只要反過來仔細一想，便會發現，擁有一個強勁的對手，反倒是一種福分。因為對手給你帶來的壓力，讓你時刻有種危機感，會激發你更加旺盛的鬥志。

人是一種神秘的動物，如果你想發現打開自己生命之門的密碼，挖掘更大的潛能，你首先必須懂得怎麼用「鯰魚效應」的心理暗示激發自己。

越是殘酷的競爭，越是危險的境地，越能激發起人生理和心理的巨大潛能，每個人都有本能的求生欲望，這種欲望能讓人爆發出前所未有的能力。這就是我國古代兵法上說的「置之死地而後生，投之亡地而後存」。然而，很多人面對危機和威脅，為什麼沒有產生「鯰魚效應」的積極作用呢？最根本的原因，就是他們仍然抱有「墨守成規、追求安逸」的態度，不會放眼周圍，放眼未來，只看到眼前的利益，沒有破釜沉舟、背水一戰的勇氣。

海格力斯效應：寬容是一種發自內心的力量

「海格力斯效應」來源於古希臘神話。

在古希臘神話中，海格力斯是一位頂天立地的大英雄。一天，他獨自在蜿蜒崎嶇的山道上行走，走著走著，發現道路中央有一個像袋子形狀的東西擋住了去路。海格力斯停下腳步，心想：「這是什麼東西呀，竟然敢擋我的路。」於是，抬起腳對著障礙物狠狠地踩了下去。他原本以為，自己一腳下去，就可以把那東西踩破，讓他沒有想到的是，袋子似的東西非但沒有被踩破，反而隨著他抬起腳的一瞬間膨脹起來。看到這種情況，海格力斯惱羞成怒，順手抓起一根木棍子，雙手抓著木棍的一端，高高舉過頭頂，然後使出渾身的力氣，向袋子似的東西砸了過去。海格力斯心想，這次總會把它砸破了吧。

出乎海格力斯預料的是，袋子形狀的障礙物膨脹得比先前更大了，完完全全把路堵死了。正當海格力斯對著堵在前面的袋子形狀的障礙物一籌莫展之際，從背後傳來一道聲音，說：「喂！大英雄，這東西叫『仇恨袋』。如果你不侵犯它，它就不會膨脹；如果你侵犯了它，它就擋在你的面前，與你敵對到底。」

海格力斯扭臉一看，原來是一位鬚髮皆白的老者。海格力斯馬上虛心地向老者請教道：「老人家，我該如何做呢？」

老者捋著鬍鬚，說：「最好的辦法就是忘記它，你忘記它了，自己也就不生氣了，它自己就會慢慢變小了。」

海格力斯按照老者的說法，忘記了仇恨袋。仇恨袋果然慢慢變小了。

「海格力斯效應」告訴我們，仇恨正如海格力斯所遇到的這個袋子，開始很小，如果你忽略它，矛盾就會化解，它會自然消失；如果你與它過不去，加恨於它，它會加倍地報復。

生活中，對待「海格力斯效應」最好的辦法，就是用寬容的心化解矛盾，只有這樣才能與他人和睦相處。心理學認為，人一旦擁有寬容之心，生活中就少了許多不必要的煩惱，還會產生強大的正能量。

有句古語：冤冤相報何時了，得饒人處且饒人。這句話說的就是一種寬容，體現了一種博大的胸懷。生活中，經常會遇到這樣一類人：他們不懂得寬容待人，於是總是斤斤計較，甚至睚眥必報，這類人通常會讓人敬而遠之，身邊沒有幾個朋友。而那些豁達寬容的人，則懂得「得饒人處且饒人」，他們知道這樣才能構建一個相對寬鬆的環境，身邊才會擁有眾多的朋友。

藺相如為趙國保住了「和氏璧」，又在澠池大會上為趙國免去了恥辱，深得趙王的賞識。從澠池回到趙國之後，趙惠文王便封藺相如為上卿，地位在趙國大將軍廉頗之上，這引起了廉頗的不滿。

他憤憤不平地說道：「我是趙國的將軍，為趙國奮戰沙場，出生入死，立下了汗馬功勞。而藺相如只不過是靠著能說會道，占了口齒的便宜罷了。但是，現在他的地位竟然超過了我。特別是處在這樣一個出身卑賤的人之下，使我感到無比的羞辱，我如果遇見了藺相如，一定要好好地羞辱他一番，出一出這口惡氣。」

藺相如知道這件事之後，深知如果與廉頗鬧翻了，將對趙國的政局穩定產生十分不良的後果，所以常常告誡自己的家人和門客不要去招惹廉頗。自己也儘量避免與廉頗見面。每到上朝的時候，藺相如便推說身體不適，以避免與廉頗在座次尊卑上發生爭執，使兩人的矛盾激化。

可躲避畢竟不是長久之計，躲過初一卻躲不過十五。沒過多久，藺相如帶著家人外出，剛剛上路不遠，便遠遠看見廉頗的車隊迎頭而來，旗幟飄揚，戰馬揚塵，好不威風。藺相如見狀，連忙下令手下人，調轉車隊向回走，以避免與廉頗發生衝突。

可是手下人不幹了，幾天來的躲躲藏藏早已使他們感到不理解和窩火。他們不明白，身為上卿的主人怎麼這麼怕還不如自己地位高的一個將軍。依靠這麼一個主人今後也不會有什麼出息，反而惹人笑話。

他們不約而同地擁到藺相如的座車旁，七嘴八舌地嚷嚷開了：「我們之所以離開親人來侍奉您，跟隨在您的左右，是因為我們都仰慕您的高風亮節，希望能在您的手下有所作為。可如今，您的所作所為使我們大為不理解。請原諒我們的直言不諱。現在您與廉頗大人的官位尊卑相同，甚至在位次上還在其上。可廉大人數次口出惡言，污辱誹謗您，可您卻一味地躲避他，害怕與他見面，好像確實有什麼見不得人的事似的。您膽小得也太過分了，連我們這些平庸的人都感到不可忍受，何況是身為將相的尊貴之人呢。看來我們這些人確實不配再繼續侍奉您了。我們這些人沒出息，不能坦然自若地忍受這樣的奇恥大辱，請允許我們離您而去吧。」

藺相如似乎對門客們的辭行並不感到意外，只是堅決地挽留大家。看實在沒有辦法，只有將自己的真實意圖告訴大家，才有可能得到大家的理解。

藺相如就問他們：「你們看，廉將軍和秦王相比，誰更威嚴？」

家臣們回答：「當然是秦王更威嚴。」

藺相如說：「像秦王那樣的威嚴，我也敢在朝堂上大聲呵斥他，難道我還會害怕廉將軍？我只是考慮到，強大的秦國之所以不敢侵犯趙國，主要是因為有我們兩人在。如果我們兩個鬧矛盾，就好像是兩虎相爭，必然兩傷。我處處避免與廉將軍衝突，並不是怕他，而是從國家大局著想啊！」

廉頗聽說了這些話，就袒露上身，背上荊條，到藺相如家裡請罪。一見到藺相如，他就慚愧萬分地說：「我這個淺薄小人！不瞭解將軍胸懷的寬闊啊！」兩人終於和好，結成了至死不渝的朋友。

這個故事中，如果藺相如沒有寬容待人的品德，與廉頗計較的話，他們兩人則早已發生衝突，不僅成不了朋友，還會使強大的秦國看到他們內部產生矛盾，乘虛而入，來攻打趙國。藺相如的寬容待人讓廉頗感到無地自容，認識到了自己的錯誤，並主動上門負荊請罪。

生活中，難免會與別人發生摩擦。當別人不小心踩到你，你不妨擺擺手，說聲沒關係；當別人無意弄壞了你的東西，向你道歉時，你可以寬容地付之一笑……人生如此短暫匆忙，何必把每天的時間都浪費在這些無謂的摩擦之中呢？學會寬容吧！做人如果能夠寬容一點，生活會變得更加美好！

世界上沒有十全十美的人，也包括我們自己。然而現實生活中，我們常常以十全十美的方式去要求別人，當別人一旦不能達到我們所認為的完美之時，就會因此而生氣或惱怒，這種做法最終會導致我們與他人之間的情感關係出現裂痕，甚至反目成仇。所以，凡事如果你能站在對方的角度去思考，相信結局一定趨於圓滿。

酸葡萄效應：擁有樂觀，人生才會快意

「酸葡萄效應」是因為自己真正的需求無法得到滿足產生挫折感時，為了解除內心不安，編造一些「理由」自我安慰，以消除緊張，減輕壓力，使自己從不滿、不安等消極心理狀態中解脫出來，保護自己免受傷害。

一隻又渴又累的狐狸，在尋找食物的過程中，來到一個葡萄架下，對上面的葡萄垂涎三尺。它很想吃到這些葡萄，可是自己卻無法採摘得到。就在失望之際，狐狸突然笑了，說：「現在的葡萄還沒有熟，是酸溜溜的。」於是，便高高興興地離開了。事實上，狐狸的肚子一直在「咕咕咕……」地叫個不停，但是一句自我安慰的話，讓它擺脫了當時的沮喪，變得快樂起來。

可見，這隻狐狸是一隻樂觀的狐狸。即便沒有吃到葡萄，依然很開心，這就是

典型的「酸葡萄效應」。現實生活中，當我們的某種訴求沒有得到想要的結果時，灰心喪氣不起任何作用，應當學一學狐狸，讓自己變得樂觀起來。如果你一旦用樂觀的心態去看待問題，就會出現不一樣的結果。

人的行為是由心態所掌控的，擁有什麼樣的心態，就有相應的結果。人的心態完全由自己來調控，從這個意義上講，不同的人生，也就是由自己的心態所決定的。曾看過這樣一個故事，讓人深受啟發：

三個朋友，在一個破廟裡躲雨——

雨後，一隻蜘蛛艱難地向牆上已經支離破碎的網爬去，由於牆壁濕潤，它爬到一定的高度，就會掉下來，它一次次地向上爬，一次次地又掉下來……

第一個人看到了，他歎了一口氣，自言自語：「我的一生不正如這隻蜘蛛嗎？生活忙忙碌碌而無所得。」於是，他日漸消沉。

第二個人看到了，他說：「這隻蜘蛛真愚蠢，為什麼不從旁邊乾燥的地方繞一下爬上去？我以後可不能像它那樣愚蠢。」於是，他變得聰明起來。

第三個人看到了，他立即被蜘蛛屢敗屢戰的精神感動了。於是，他的思維

變得堅強起來了。

世間萬事萬物，可用兩種心態去看待：一個是正的、積極的，另一個是負的、消極的。這就像錢幣的正反兩面一樣。該怎麼看？這一正一反，就是心態。它完全取決於你的想法。樂觀的心態可使人歡快進取，有朝氣，有精神。消極的心態則使人沮喪，難過，沒有主動性。

其實，積極樂觀的人如同一塊磁石，他們隨時都會吸引陌生人的眼光。正像心理學家賽伯・貝利所認為的那樣，積極主動是一個人受歡迎的關鍵所在。「心理學家稱之為情緒感染，」他說，「那些討人喜歡的人很擅長表達情緒，特別是積極的情緒。」然而，這世上卻有很多人都認為自己註定不走運。這裡，告誡大家不要總是不停地抱怨，那些怨氣不斷的人，只會讓人避之唯恐不及。相反，我們應該用幽默來回應苦惱，讓彼此的友情加深。

怎樣才能讓自己變成一塊積極樂觀的「磁石」呢？最主要的是，你要產生正面的「接納預期」，即相信別人一定會喜歡我們，這樣才會更自然地釋放我們的正面能量去影響他人。記住，大家千萬不要產生負面心理，即我們在交往前，就預期別人會拒絕我們，這樣我們就會不自覺地表現出冷淡和防備，其結果往往是我們真的被拒絕了。而這時，悲觀者可能就會自言自語：「我就知道他們不喜歡我。」其實這只是我們給自己設定的結果。

當突破了這一心理防線後，接下來要做的就是修煉自己的心態，和人交往時儘量保持主動、積極、樂觀的態度。要知道這些情緒是開放式的，他們會釋放出強大的幸福快樂感，從而讓對方與你相處時，心情愉悅，產生正能量而樂於交往之。

法國作家羅曼・羅蘭曾說：「一個人如能讓自己經常維持像孩子一般純潔的心靈，用樂觀的心情做事，用善良的心腸待人，光明坦白，他的人生一定比別人快樂得多。」的確，積極的心態不僅讓我們的人生充滿光明和溫暖，還讓我們在做事的過程中變得得心應手。

思維定勢效應：擺脫傳統思維，徹底解放內心

所謂「思維定勢效應」是指，人們因為局限於既有的資訊或認識的現象。思維定勢有積極的一面，但是也會束縛我們的思維，使我們只用常規方法去解決問題，而不求用其他「捷徑」突破，因而也會給解決問題帶來一些消極影響。

在現實生活中，很多人會機械地按照程式思考，形成定勢思維。定勢思維對人們的影響非常大。一旦人們形成了這種思維模式，就會習慣性地順著固有的思維路線去思考問題。這樣長此以往下去，人們就會失去多角度思考問題的能力，進而陷入一個愚頑、平庸的境地中去。

在人生的旅途中，如果一個人總是按照這種既定的模式和軌跡去思考問題，而不去嘗試走新的道路，久而久之，他就會對生活感到厭倦、感到乏味，失去銳氣和進取心。需要注意的是，如果一個人的思維進入了一定的慣性模式中，是很難被改變過來的。

很久以前，在一個小鎮上住著一個猶太人，這個人開了一間雜貨店，專門給當地人提供日常用品。由於是外來者，小鎮上那些調皮的孩子常常去騷擾他。他們每天三五成群會在雜貨店外，對著裡面的猶太人大喊：「猶太佬、猶太佬！」

起初，這位猶太人並不在意，孩子們喊多了喊久了，聽著總覺得彆扭。為了不讓孩子們干擾他的正常工作，每當他們在外面喊時，猶太人就放下手中活計，從店裡衝出來，嚇唬這些孩子們。孩子們見他出來，便一哄而散，等他進屋後，孩子們又從四面八方聚攏過來，繼續在他門前大喊大叫。

孩子頑皮不懂事，總不能對他們打罵吧。如何把他們趕走呢？猶太人苦思冥想了好幾天，終於想出了一個好辦法。

這天，孩子們又來到雜貨店門前叫嚷。等他們喊累後，猶太人面帶微笑從屋內出來，孩子們見他出來，正打算四散逃跑時，猶太人卻說：「孩子們，你們不要怕，我沒有傷害你們的意思，從今天起，誰在我門前叫『猶太佬』，我就給誰五枚硬幣。」說著，從口袋裡拿出硬幣，給在場的每個孩子五枚。

喊「猶太佬」還能得到錢，孩子們甭提多高興了。第二天，他們又來了，在雜貨店門前又蹦又跳，嘴裡不停地喊著「猶太佬、猶太佬」。

猶太人沒有食言，從店內走出來，分別給每個孩子三枚硬幣，並說：「我的收入只能勉強維持生活，五枚硬幣太多，今天每人給三枚。」

得到三枚硬幣對孩子們來說，同樣是件非常高興的事情，他們高高興興地離開了。第三天，他們再去喊時，卻得到了一枚硬幣。孩子們有些不解，問道：「今天怎麼就一枚硬幣？」

猶太人依舊滿臉微笑，解釋道：「今天只能給你們這麼多。」

孩子們不樂意了，「前天五枚，昨天三枚，今天一枚，這也太糟了吧。」

猶太人裝出很無奈的樣子，「只能給這麼多，要不要就隨你們啦。」

「一枚硬幣，簡直太少了。你以為我們會為一個小錢，喊你『猶太佬』嗎？」孩子們賭氣說道。

猶太人顯得很無辜的樣子，「那以後你們就別喊了。」

從此以後，再也沒有孩子到他門前喊「猶太佬」了。

在為人處事方面，只要能擺脫定勢思維的束縛，便可以輕鬆地把問題解決了。

故事中的猶太人就是如此，如果他一味地去驅趕和嚇唬孩子們，那些孩子不但不會停止叫喊，反而會變本加厲，做出一些令他更加頭疼的事情。但是，他是一個富有智慧的人，他沒有那樣去做，他擺脫定勢思維的束縛，採取順應孩子們的方式，讓孩子們進入自己設計好的圈套，最終成功使孩子們放棄先前的行為。

所以，當處在逆境時，要想改善眼前的狀況，就必須擺脫定勢思維的束縛，讓思維保持開放。只有這樣，才能更好更快地吸收外界的知識和資訊，突破阻礙，獲得成功。也只有這樣，才能發揮出自己的真正才能，不斷提升自己。

我們不妨去看一看哥倫布，當所有人都好奇雞蛋如何能夠立在桌子上時，哥倫布在眾目睽睽之下磕破雞蛋的底部，將雞蛋豎了起來。這就是打破思維的束縛，這就是開放性思維。在那一刻，宴會上的所有貴族都傻眼了，只有哥倫布成了整個宴會的焦點和談論的話題。而事實也證明，哥倫布敢於打破思維束縛的舉動是正確的，在所有海員都覺得大西洋無法跨越的時候，哥倫布成功地穿越了大西洋，到達帕裡亞海灣，發現了美洲大陸。

世界上有很多事情都非常簡單，如果只會墨守成規，用慣性思維去做事的話，只能得到一個失敗的結果。反之，如果能夠擺脫這種定勢思維的束縛，對固有的僵

化思維方式做出一些改動和創新，就能夠有所成功。

一個人想要解決問題、取得成功，最好的辦法並不是拼命地循規蹈矩做事。要想擺脫平庸，給他人留下深刻的印象，靠的也不是遵守「常規」的條框。需要走出僵化的定勢思維，只有這樣，才能創造出屬於自己的影響力。

有位心理學家曾經說過：「人的思維過程，其實就是不斷束縛自己的過程，當有一天人們將自己完全地束縛到圈套裡的時候，人們就已經將自己的思想禁錮到一個思維定勢中去了。想要擺脫這種局面，一定要解開繩索，讓自己的思想重獲自由才行。」的確，人們在對待事情時，總是會被自己的習慣性思維給纏住，讓自己的思想鑽入一個死胡同中，怎樣都轉不出來。但只要跳出這個固定的思維模式，立刻就會變得豁然開朗。

封閉著自己的思想，就無法吸收更多新鮮的資訊和知識。要讓自己的思維和頭腦保持靈活，不要僵化封閉。不管做什麼事情，都要打開自己的思維，並且不斷調整自己的思想進行開放性思考。在面對困難時，只有擺脫狹隘思維，大膽嘗試，才能擺脫困境，走向成功。

曼狄諾定律：再苦再累也要面帶微笑

無論是工作中、生活中還是努力為自己拼搏中，許多痛苦和煩惱都很容易解決。當它們圍繞在我們周圍，換一個角度，換一種心態，就會領略另外的一番風景。因此，面對人生的煩惱與挫折，最重要的是擺正自己的心態，積極面對一切。再苦再累，也要保持微笑。曼狄諾定律就是關於微笑的一個理論。

有一位乘客身體不舒服，飛機剛剛起飛時他想讓空姐給他倒一杯水。空姐聽到他的要求後，禮貌地說：「先生，為了您的安全，請稍等片刻，等飛機進入平穩狀態後，我會第一時間把水送到您面前，您看可以嗎？」乘客很大度，點了點頭，對空姐表示可以延遲吃藥的時間。

15分鐘後，飛機進入了平穩的飛行狀態。突然，乘客服務鈴急促地響了起來，那位空姐聽到鈴聲，馬上意識到自己的服務出現了疏漏，「糟了，由於剛才太忙，我忘了給那位吃藥的乘客倒水。」空姐丟下手中的其他工作，連忙來到客艙，把水送到那位乘客跟前，面帶微笑，說：「先生，由於我的疏忽，延遲了您的吃藥時間，實在是對不起，我感到非常抱歉。」

那位乘客沒有接過水，而是抬起手腕，指著手錶說道：「你自己看看吧，過了這麼久，你怎麼一點不把乘客的要求放在心上，難道你要向客服中心投訴嗎？」空姐手裡端著水，心裡感到很委屈。但是，無論她怎麼解釋，那位挑剔的乘客都不肯原諒她的疏忽。

在接下來的飛行途中，空姐為了彌補自己的過失，每次去客艙為乘客服務時，都會特意走到那位乘客面前，面帶微笑地詢問他是否需要水或者別的什麼說明。可是，那位乘客並沒有理會她，依舊擺出一副心情不悅的樣子。

很快就要飛臨到目的地了，那位生氣的乘客要求空姐把留言本拿來。很明顯，他要投訴這位服務不到位的空姐。此刻，空姐雖然滿腹委屈，但依舊不失職業道德——仍然微笑著把留言本拿到他面前，說：「先生，這是留言本。請允許我再次向您表示真誠的歉意，無論您提出什麼意見，我都將欣然接受您的批評！」聽到空姐的話，那位乘客的表情一緊，張了一下口，卻什麼也沒有說。他接過空姐手中的留言本，在上面寫了起來。

等到飛機安全降落，所有的乘客陸續離開後，空姐打開留言本想看一下乘客寫下的意見，卻驚奇地發現，那位乘客在本子上寫下的並不是投訴內容，而是一封熱情洋溢的表揚信。

是什麼使得這位挑剔的乘客最終放棄了投訴呢？在信中，空姐讀到這樣一句話：「在整個過程中，你表現出的真誠的歉意，特別是你的12次微笑，深深地打動了我，使我最終決定將投訴信寫成表揚信！你的服務品質很高。下次如果有機會，我還將乘坐你們的航班！」

真誠的微笑能夠彌補人們犯下的錯誤，能夠冰釋生活中的誤會和怨恨。只要對他人綻開自己真誠的笑容，他人也會回饋同樣的熱誠和關愛。

空姐能感化惱怒的乘客，使他的態度發生根本性的轉變，主要因素就是空姐臉上的微笑。可見，微笑的意義十分重大，能驅趕人心頭的陰霾，能化解他人內心的不愉快。我們為夢想、生活所苦所累，為何不能給自己或他人一個微笑呢？相信很多朋友也想微笑著面對生活，但苦惱的是找不到培養微笑的方法。其實很簡單，微笑源于積極陽光的心態，有了一份好心情，微笑自然就從心中流露出來。下列的做法希望能給大家一些啟迪。

1．每天要給自己一個希望

快樂是一生，痛苦亦是一生，倒不如每天給自己一個希望，每天給自己一種快樂的心情，坦然豁達地面對生活中的困難與挫折。每天給自己一個希望，就是每天給自己一個目標、給自己一點信心，給自己激發生命激情的催化劑，給自己的人生一個美好的支撐點。每天給自己一個希望，試著不為明天而煩惱，不為昨天而歎息；試著用希望迎接朝霞，用笑聲送走餘暉，用快樂塗滿每個夜晚。那麼，每一天都將會生活得更充實。每一天也將會過得更瀟灑。只要不忘每天給自己一個希望。大家就一定能夠擁有豐富多彩的人生，也一定能鑄就精彩的自我。

2．把失敗看成一種錯位的美麗

在航行中沒有不經歷風暴洗禮的船，在生活中同樣不可能總一帆風順，難免會有傷痛和挫折。任何通向成功的道路都佈滿了荊棘，充滿了數不清的辛酸與煎熬、艱難與困苦。但是只要把失敗當作進步的臺階，以積極的心態去面對，大家就不會被困難打倒。何況，失敗也是一種美麗。

3・學會愛惜自己

人生總會有失敗、挫折、痛苦和折磨。這個時候不要封鎖自己的心靈，使自己的心靈佈滿陰雲。當不幸降臨到自己身上的時候，要學會愛自己，要對自己說：「這一切都會過去的，我要珍惜生活中的每一寸光陰。」

有了上面三點的幫助，每一個懂得珍惜自己的人就不會抱怨磨難太多，生活太曲折，夢想太難實現。給自己一份好心情，笑一笑，帶著夢想起航的你，就會發現頭頂的天空格外湛藍，身邊的海鷗分外矯健，你夢想的航船正乘風破浪，一路高歌猛進。

堅定定律：激發自我的驅動力

堅定定律是指對某件事情抱著百分之一萬的相信，它最後就會變成事實。這種心理超越了自信，是一種確信的心態。這是一種堅強的信念，在我們面對失敗與挫折的時候，信念就猶如心理的平衡器，它能幫助我們保持內心的平靜，並能防止我們因坎坷與挫折而偏離了正確的軌道，進入誤區、盲區。

我們想要變得更好，想要取得成功，就必須要堅定信念，戰勝自己。世界上有很多發明家和科學家，他們之所以能夠取得成功，並不是他們多麼優秀，而是他們有著一股堅定不移的信念。比如愛迪生，他的發明道路充滿坎坷和曲折，他沒有因此而放棄，而是靠著一股信念一直堅持著，最終他成為舉世無雙的發明之王。再比如瓦特，他也是靠著堅定的信念才最終完善了自己的蒸汽理論，讓世界進入了一個全新的蒸汽時代。這些偉人的例子無一不告訴我們，成功之路是充滿坎坷的，我們必須要有必勝的決心和堅定的信念才能成為一個強者，才能最終取得勝利。

一七九一年9月22日，法拉第出生於薩里郡紐因頓。他的父親是位鐵匠，賺取的錢都不足以維持生計，更不用說給法拉第繳納高昂的學費了。為此，只念了兩年小學，法拉第就輟學了。

雖然小小年紀就輟學了，但是法拉第卻有一個不凡的理想，那就是成為一名科學家。對於一個毫無家庭背景、學歷極低的人來說，這個過程是非常艱難的。

一八〇〇年，法拉第的父親離開了人世，年僅九歲的法拉第不畏辛苦，在一家文具店當起了童工。一八〇四年，法拉第又去一家書店當學徒。當時，法拉第的工作限於送報、裝訂圖書。不過，13歲的法拉第並沒有忘記自己的目標。工作之餘，法拉第翻閱科普著作，做物理學、化學實驗，聽自然科學演講，因此積累了大量的相關知識。

一八一三年，英國皇家學院成立了選拔委員會，對外宣稱要為大衛教授選派助手。同時，選拔委員會的主要負責人貼出告示，要有資質的人踴躍報名。獲知消息後，法拉第欣喜萬分，第一時間就前往選拔委員會報上了名。

就在選拔考試的前一天，法拉第獲得了一份通知，內容是：作為一名圖書裝訂工，你沒有資格參加選拔考試。看到這份通知之後，法拉第非常難過，但是他並沒有放棄，只要有一點點可能，他都要試一試。當天，法拉第趕往選拔委員會，據理力爭，希望再次獲得考試的機會。出乎意料的是，委員們諷刺道：「皇家學院是一個裝訂工想來就能來的地方嗎？除非大衛教授點頭，不然你就不要癡心妄想了。」

法拉第暗自琢磨：明天選拔考試就要開始了，倘若我今天見不到大衛教授，得不到他的同意，那麼我只能繼續做裝訂工了。

為了爭取到考試的權利，法拉第當即決定前去拜訪大衛教授。法拉第到達大衛家院落前時，激動而又緊張。看著緊閉的大門，法拉第稍有遲疑。不過，一想到擔任大衛的助手，這次是個絕好的機會，法拉第就心動了，他於是輕輕敲著大門。幾分鐘後，大門開了，一位和藹可親的老人出現在法拉第面前。這個老人雖頭髮花白，但面色紅潤，精氣十足，他便是大衛教授。

在教授的邀請下，法拉第進到裡屋。法拉第向大衛教授說明了來意，並表示自己非常熱愛物理學，如果這次沒有機會，他還會繼續學習，直到大衛教授同意。看著眼前這位執著上進的年輕人，大衛教授備感欣慰，他隨即遞給法拉

第一張紙條，內容是：請批准法拉第，讓他參加選拔考試。臨別時，大衛教授對法拉第說：「年輕人，我看好你，希望你好好發揮。」

後來，經過多次篩選，法拉第當上了大衛教授的助手，走進了英國皇家學院，這是他人生的轉捩點。在以後的歲月裡，法拉第結識了許多科研人士，做了許多實驗，眼界愈來愈開闊，經驗越來越豐富，為他後來的電磁學、電化學領域打下了成功的基礎。他是歷史上最有影響力的科學家之一。

我們所說的信念是一種信心，也是一種決心。換句話說，信念是一種心靈的力量。失敗者和成功者的區別往往也只是信念的力量有所差異而已。不妨想一下，一個人如果在決定做一件事時總是首先想到退縮，那麼他又怎麼會成功？在做事的過程中，遇到一點困難就萌生退意，這樣的人又怎麼能不失敗？

一個信念不堅定的人，總是想到退縮，所以他無法發揮自己的真實實力，他也就永遠都無法超越自我。反之，如果一個人無論做什麼事情都抱著必勝的決心，有著堅定不移的信念，那麼他內心的力量就會如火焰一般熊熊地燃燒起來，他就會有用不盡的精力。他會像一柄利劍一樣，在通往成功的路上披荊斬棘，無堅不摧。

第三章

勵志成功：讓夢想在人生舞臺綻放

在前進的道路上，每走一步，都會遇到種種困難，把困難踩在腳下的人，是真正的英雄。我們無論是在學業上，還是在事業上，都是要這樣做。儘管每個人的天賦有差別，然而後天的努力和堅持也非常重要，因為持之以恆的力量是無窮無盡的。持之以恆的人，最終能抵達成功的彼岸。

手錶效應：給自己一個明確的目標

有這樣一則寓言故事：

森林裡有這樣一群猴子，它們日出而作，日落而息，日子過得無憂無慮。一名遊客在路過森林的時候不小心遺落了自己的手錶，猴子「猛可」撿到了這塊手錶。聰明的「猛可」經過研究很快就弄懂了手錶的用處，由於它掌握著確切的時間，因此猴子們的作息時間都聽它指揮，很快「猛可」成了這個猴群的猴王。「猛可」覺得手錶是吉祥之物，能給自己帶來好運，因此它想要得到更多的手錶，於是它每天在森林裡找尋，很快「猛可」又找到了兩只手錶。但是這些手錶卻給它帶來了大麻煩，因為幾只錶的時間各不相同，它不知道要相信哪只錶的時間。而當猴子們來問時間的時候，它總是答不上來，很快「猛可」被趕下臺了，新猴王霸佔了「猛可」的那些手錶，可是它也遇到了和「猛可」

一樣的麻煩，那就是到底哪只錶的時間才是準確的時間呢？

這就是英國心理學家P．薩蓋提出的「手錶效應」。手錶效應的原始含義是這樣的：當只有一只手錶的時候，人們能夠確定時間；當擁有兩只或兩只以上手錶的時候，各個手錶顯示的時間不同，人們反倒沒辦法確定時間。更多手錶不僅不能讓人們知道準確的時間，反而會引起時間混亂。手錶效應的深層含義是指任何人都不能同時擁有兩種不同的價值觀，一旦發生這種情況，人們的行為就會陷入混亂。

在現實生活中，如果你同時擁有兩只或兩只以上的手錶，你要做的不是左顧右盼，而是儘快從中找到一只較準確的手錶，以它指示的時間來確定自己的行程。同理，如果你同時被幾個不同的價值準則拉扯著，你要做的就是果斷選出最符合社會道德和自身信仰的那個價值準則，並以這個準則為標準來規範自己的行為。尼采說過：「哥們兒，假如你非常幸運，你只要一個道德標準就夠了，不要貪多，這樣你才能更容易地通過橋。」所以，不貪多是「手錶效應」給我們的重要啟示。

1．設置一個目標，建立一個標準

在現實生活中，經常會遇到「魚與熊掌不可兼得」的情況。比如一個朋友約你去爬山，另外一個朋友約你去打球，而你兩個活動都想參加，時間又錯不開；再比如應聘時，兩家很有發展前景的、待遇相差不多的公司都向你伸出了橄欖枝，這時你該如何選擇？此時，必須在「魚」和「熊掌」面前，選擇其一，選擇一個最適合自己的目標。明確的目標，會為你指引一條踏上成功的非凡之路。

首先，瞭解自己為什麼要設定這一目標。

你在為自己設定目標之前，首先找出設定這一目標的理由。當你十分清楚地知道實現目標的好處時，便會馬上設定時限來規範自己。

其次，你應設定實現各階段目標的時限。

人為的時限限制會對行動起到激勵的作用。如果你沒有設定完成階段目標的時間，並以此時限來約束自己，那麼你將很難確定自己實現目標的時間。因此，當明確知道目標之後，要設下明確的實現時限。

同時，要盡可能細緻地列出實現目標所需的條件。當你對實現目標所需的條件並不瞭解時，去執行這一計畫會令你不知如何著手。因此，你只有在明確知道目標所需的條件之後，才能夠做到心中有數，逐一執行。

再者，你應將目標的遠景作為你執行的動力。

目標的遠景能使你看到奮鬥的希望，從而增強你的自信心。當這種自信積累到一定程度，自然會激發你的無限潛能，讓你創造出超凡的成就。

2．選擇你所愛，愛你所選擇

雷・克羅克是麥當勞品牌的創始人之一，如今他已經成為全球聞名的企業家了。據瞭解，最開始從麥當勞兄弟那裡得到特許經營權的一共有兩個人：克羅克和一個荷蘭人。克羅克與荷蘭人的經營方法並不相同，克羅克只開麥當勞速食連鎖店，那個荷蘭人則不僅開麥當勞速食連鎖店，而且還開了養牛場、牛肉加工廠，當年人們都覺得荷蘭人更聰明一些，因為他把所有的錢都自己賺了。過了一些年，克羅克的麥當勞速食店開遍了全球，而那個「聰明」的荷蘭人早就破產了。

克羅克之所以成功是因為他選擇了自己最擅長的速食店經營，這樣一來他就可以更專注，從而將全部的精力、時間、智慧等都用在這一件事情上，最終將麥當勞發展為全球速食業數一數二的知名品牌。而荷蘭人由於貪多，又開速食店，又開養牛場、加工廠，他的精力過於分散，難以專注在某一件事上，最後由於力不從心而走向失敗。

每個人都要記住這樣一點：無論做什麼事情，都不能貪多。倘若每個人都可以「選擇你所愛，愛你所選擇」，那麼不管成功與否，都能夠享受生活的樂趣。

3．標準並不是越多越好

手錶定律告訴我們：只有一只手錶時，你可以確定是幾點，擁有兩只或兩只以上的手錶時，你就無法確定是幾點。同樣，如果用一個標準去衡量一個人或者一件事，可以很快得出結論，無論這個結論是好還是壞；但是如果用不同的標準去衡量同樣的一個人或者一件事，你會馬上發現，得出的結論截然不同。

有一位年輕的畫家，他從小就開始畫畫，功底很扎實，但是他總是不信任自己，總是認為自己比不上別人，這個弱點嚴重影響了他的發展。

一天，他的老師想到了一個好辦法。他讓這位年輕的畫家用心畫了一幅畫，並把這幅畫擺在了城裡最負盛名、觀賞人數最多的畫廊裡。並在旁邊附上了一張紙條：「請指出這幅畫中的缺點。」

三天過去了，老師讓畫家去畫廊把這幅畫拿回來。畫家回來的時候，一臉沮喪的表情。原來觀眾的批評實在是太多了，幾乎畫作上的每個細微之處都有人指出了毛病，他覺得自己簡直一無是處，他強烈懷疑自己根本不適合再畫畫了，再畫下去也是浪費時間。

老師笑了笑，沒有批評他也沒有鼓勵他，只是讓他再畫一幅相同的畫，依然掛到畫廊去，不過這次紙條上寫的是：「請指出這幅畫中的優點。」

三天後，老師依然讓年輕的畫家去畫廊把畫拿回來。畫家回來的時候十分興奮，幾乎是手舞足蹈。他邊走邊喊：「老師，這實在太奇怪了！」原來觀眾的讚賞多得出乎意料，幾乎畫作上的每個細微之處都有人欣賞，人們還有理有據地寫上了欣賞的原因。

畫家疑惑地問老師：「這兩幅畫並沒有什麼差別，但為什麼人們的評價卻有如此的天壤之別呢？」

老師只是笑了笑，說：「那是因為他們的角度不同啊！」

這個世界上存在著太多的標準，對於同一件事情，每個人的立場不同，觀點也就不同，所以，幾乎每件事情都能用很多標準來衡量，都有很多參考意見供你選擇。在生活中，我們必然要經常參考他人的意見和標準，但並不是標準越多越好，標準多了，反而會讓自己無所適從。

有哲學家曾說過：「如果一個人始終只依照一個標準做事，那這個人會顯得愚蠢；如果一個人總是同時依照很多標準做事，那這個人一定會非常痛苦；如果一個人可以從眾多標準中選擇自己想要的，那這個人一定是個偉人了。」

所以，參考他人的意見時，也要講求方法和原則，要學會對他人的意見進行理智地分析，別人的建議並不總是對的，你要有自己的判斷力。有的時候，如果你已經知道自己真正需要的了，就沒有必要再去尋求他人的意見，因為在這個時候，任何人的建議都只會影響你的自我判斷和決心。在很多時候，並不是標準越多越好，對你來說，你往往只需要一只手錶。

馬太效應：一次成功決定一生的命運

一九六八年，美國著名科學史研究者羅伯特・莫頓提出了「馬太效應」。「馬太效應」是指，任何個體、群體或地區，一旦在某一個方面（如金錢、名譽、地位等）獲得成功和進步，就會產生一種積累優勢，就會有更多的機會取得更大的成功和進步。

在現實生活中也隨處可見馬太效應：一個朋友多的人會借助朋友的交往得到更多的朋友；一個有聲望的人會借助自己的聲望獲得更多的聲望；一個錢財多的人會借助現有的錢財投資得到更多的錢財。但是，一個朋友少或者沒有朋友的人則會朋友越來越少，甚至一直孤獨下去；一個平凡的人就會一直默默無聞下去；一個錢財少或者沒有錢的人只會越來越窮，最後甚至一貧如洗。

蕾從小就天生麗質，又勤奮努力，在學校的學習非常優秀，在大學的戰場上，她打了一個漂亮仗，以第一志願考上了她喜歡的藝術學院。

大學期間，由於是成績優異，加上外形十分秀麗，學校的老師都很器重她，導師還鼓勵她參加了全國的舞蹈和鋼琴比賽，蕾不負眾望，都獲得了不錯的名次。學院還推薦她拍了許多平面廣告，希望她可以有更好的發展。

大學畢業之後，別的同學是出去找工作，而蕾呢，因為早就是學校的名人了，所以在畢業之前就已經有藝術團和經紀公司找到她，希望可以和她簽約。

經過深思熟慮之後，蕾選擇了一個知名度很高的公司，裡面有許多知名的藝術家。蕾希望到那裡可以受到這些藝術家的薰陶，自己可以進步快一點。

半年之後，公司要排練一個節目，由於是一個年輕人的舞蹈，而蕾又是名校的高才生，所以自然是的首要人選，蕾也沒有令領隊失望。這個舞蹈獲得了比賽的最大獎，蕾也獲得了最佳舞蹈演員獎。

此次比賽之後，蕾的名字就被全國熱愛舞蹈的觀眾所熟知。各種各樣的晚會邀請應接不暇，但是蕾並沒有因此沾沾自喜，而是更加謙虛。在公司中總是努力不懈地學習，也因此她深得同事們的喜歡。

在公司期間，蕾獲得了無數的榮譽和讚揚，三十年來一直是公司的靈魂人物。之後，蕾在五十六歲的時候退居幕後了。

轉到幕後之後，蕾並沒有失去對舞蹈的熱愛和對工作的熱情，一天，蕾看到團裡的年輕人，她就想到了自己，突然想把自己的經歷寫成書。得知蕾要出書，各大媒體都爭相採訪她，各大出版社也一直跟她聯繫，希望可以出版發行她寫的書。通過媒體的傳播，這個消息也傳遍全國，喜歡蕾的人都寫信給她，希望蕾的書可以儘快出版，都想一睹為快。

蕾自己也沒有想到會有這麼多人關心自己，她就下定決心一定好好寫書。寫完之後，書正式發行之後，很快就被搶購一空，為此還加印了十萬冊。

現在，亞蕾雖然離開了自己心愛的舞臺，但是她是成功的。因為她得到了所有人的支援和尊重，她現在是公司的總監，一直沒有離開她喜歡的人生舞台。

這就是說，當一個人已經取得一定成績之後，就會更容易取得更多更大的成績。現在的社會，物競天擇，適者生存。要時刻積累自己的優勢，只有這樣才會有更多的機會，也只有這樣才能變成強者，進而不斷取得成功和進步。所以，在工作中，一個人不想被「打敗」的話，你就要成為工作中的強者，只有這樣，你才能在工作中勝出，並在社會上立足，從而也就可以得到更多更好的發展機會。

蘑菇定律：忍受平庸，才能擁抱成功

「蘑菇定律」最早是由20世紀70年代國外一批年輕的電腦程式師總結出來的，原意是指長在陰暗角落裡的蘑菇因為得不到陽光又沒有肥料，經常是自生自滅的。只有它長到足夠高壯的時候，才會引起人們的關注。可往往這個時候，這些蘑菇已經可以自己接受陽光和雨露了。後來延伸到初入社會的人常常會不受重視，被放在不起眼的陰暗角落裡，做些打雜跑腿的工作。甚至還要像蘑菇培育一樣被澆上肥料，接受各種無端的批評、指責，還要代人受過，得不到必要的指導和提攜，處於自生自滅的過程中。

或許大多數年輕人都不想經歷所謂的「蘑菇時期」，但是這其實並不是什麼壞事，就像一把寶劍，在成為寶劍之前，它肯定也只是一個普通的鐵塊，只有將鐵塊放入熔爐裡燒紅，再用鐵錘猛烈地反覆擊打，然後澆上冷水，冷卻之後再放入熔爐，燒得紅通通，再擊打，再放入冷水，如此反反覆覆，就成為了一把寶劍！人生也是如此，成功之前，必定要忍受生活的平庸，經歷苦難的打擊，只有這樣才能突出重圍，擁抱卓越。

李璐自幼學習成績就很好，一直是全家人的驕傲，但是李璐並沒有因此而沾沾自喜，她一直都是個勤奮、努力的孩子。她長大後考上了著名的政法大學法學院，全家人都覺得她前途無量，當時李璐自己也是這麼想的。

大學畢業之後，政法大學法學院的聲望並沒有給李璐帶來任何好處，雖然自己的學習成績十分優異，但由於當時她沒有任何的工作經驗，所以並沒有找到自己特別中意的工作。

終於，李璐找到了一份工作，在一家房地產公司做客服。找這份工作的時候，李璐心裡其實並不滿意，覺得自己在這裡上班是委屈自己了。但是轉念一想：現在工作這麼難找，既然已經面試成功了，那就好好把它做好吧，說不定自己的才能馬上就被領導發現了，到時候就好了。抱著這樣的心理，李璐進了這家公司。

李璐每天的工作就是打字、複印、收發文件、整理檔案、接聽客戶電話這些雜活兒。半年下來，李璐覺得自己做得比任何人都多，但是沒有任何人感覺得到。李璐沮喪極了，就跟朋友抱怨說自己怎樣怎樣，說公司有眼不識泰山，還說父母也不願意自己幹這樣的工作等等。朋友聽到之後，就說：「你看，很多名人不都是從打雜開始的？你放心，你這麼有才華，只要你多做點工作，少抱怨一點，就一定能被領導發現的！」

聽了朋友這麼說，李璐好像又有了希望，在以後的工作中，她開始忘記自己是名牌大學的畢業生，在工作上沒有任何怨言，甚至在工作不忙的時候她還主動向其他同事學習……漸漸地，李璐也覺得工作沒有那麼枯燥了。

一天，主管突然找到她：「李璐，看你簡歷說你學的是法律，是吧？而且總經理看你平時工作表現一直不錯，剛好咱們公司現在要寫一個文稿，需要用到很多法律方面的專業術語，你可以幫忙寫一下嗎？」李璐欣喜若狂：「真的嗎？我可以的！」果然，李璐發揮自己的專長，文稿寫得非常不錯，公司高層很滿意。

也正是因為這次撰寫文稿的機會，改變了李璐的命運。公司在杭州的分公司主管看到了李璐的文稿，不但對她的文字功底很滿意，而且對李璐的法律知識十分佩服。所以，通過總公司，李璐被調到杭州，除了法學專業素養，多虧她也是「打雜出身」，因此分公司的各方面運作，她都能得心應手、充分發揮了她的各種才華！杭州分公司的業績迅速攀升，在總公司排名第一。

是金子總會發光的，李璐的才能在公司發揮得淋漓盡致，終於，五年之後，李璐順利地成為分公司的總經理！

每個人都要經歷自己的「蘑菇時期」，不管在這個時期遭受了什麼，對生活、對工作，都要認認真真，全力以赴！雖然不容易，但是也要充滿激情，受點委屈又有何妨？吃點苦又能怎樣？要相信自己早晚會成功，只有抱著這種信念，才會在不好的環境裡任勞任怨、踏實認真。也只有這樣，一個人才能從「蘑菇堆」裡脫穎而出，讓他人對自己刮目相看。

現實生活中，每個人都希望自己的生活紅紅火火，一帆風順；自己在工作中春風得意，步步高升；在事業上飛黃騰達，戰無不勝。但是，這只是希望，想要它變成現實，就要做好準備，只有忍辱負重、堅忍不拔，才有可能取得最後的成功。

不值得定律：不值得做的事情不要做

「不值得定律」非常簡單直白，從字面上就可以理解它的意思，也就是說不值得做的事情就不要去做。做了不值得做的事情，常會有許多不利的影響：

第一，會讓你誤以為自己在完成某些事情，其實卻像將沒有人聽過或讀過的論文列在履歷表上一樣，只是白費力氣，沾沾自喜罷了。

第二，會消耗你的時間和精力，而你做這些事情所用的資源都可以拿來用在其他有用的事情上。

第三，不值得做的事情如果你做了，完成還好，假如沒有達到預期的效果，可能會招致領導的不滿意，還會說你不自量力。

第四，不值得做的事情如果你做了，可能會讓你傷心，因為你廢寢忘食地做完了，卻沒有人領情。

第五，不值得做的事情如果你做了，你會感覺很尷尬，特別是別人的事情你搶

著去做了，那完全就是費力不討好。

雖然不值得定律很簡單，但其重要性卻常常被人們疏忽。難道不是嗎？想想日常生活中會不會這樣：事情做了半天，才發現其實根本就沒有必要去做；晚上睡覺的時候，才發現當天做的許多事對你來說，毫無意義可言。

因此，我們要想有所成就，就要清晰定位自己的人生，設立適合自己的目標。只有去做自己認為值得做的事情，去做適合自己個性與氣質的事情，才有可能做好，才能夠從中獲得成就感。

一九八一年底，微軟公司已成為當時IT行業的佼佼者。在這個時候，比爾·蓋茨毅然決然想要進軍應用軟體領域，他認定微軟公司不但能開發軟體，還能零售行銷。他的這種想法很好，但是沒有人去實現他這一思路，很多人都認為他的這種想法是空想，白費腦細胞，根本不可能實現。

微軟公司在軟體發展方面不乏人才，然而，在市場行銷方面人才卻少之又少。沒有銷售方面的人才，不要說佔領市場，就連門都進不了。發掘人才是很多缺乏人才的企業最常用的做法，比爾·蓋茨也不例外，經過仔細搜索，他看上了肥皂大王尼多格拉公司的行銷副總裁羅蘭德·漢森。可是公司的高層管理人員對漢森很不放心，因為漢森雖然對行銷很在行，但是他在軟體方面完全是個門外漢。

比爾·蓋茨看中的是漢森在行銷方面的豐富知識和高超的技能，他堅信讓漢森從肥皂轉型到軟體上來，總比讓一個對行銷完全不瞭解的人來處理微軟行銷還要好。於是，他費盡心思將漢森挖到微軟之後，比爾·蓋茨讓他坐上行銷副總裁的位置，並讓他全權負責公司的行銷工作。

漢森到微軟公司任職的第一天，就給軟體專家們上了一堂生動的行銷課，他要求微軟公司統一商標，在行銷學上叫作統一品牌形象。

在漢森的指導下，微軟公司意識到統一商標的重要性。隨後公司決定，以後公司所有產品均以「微軟」為商標。於是，微軟公司生產出的所有產品，都打著「微軟」的品牌。

漢森任職後不久，「微軟」被美國、歐洲，甚至全世界的人們所熟知，門外漢羅蘭德·漢森，利用自己的知識和技能成功地為微軟打開了通向世界的市場，用鐵的事實證明了比爾·蓋茨準確用人，成就了一番了不起的事業。

正確的人生定位，讓我們覺得每天所做的事情都是值得的，都是自己想要去做的，只有心裡覺得值得，才會用心去做，才有可能做好。

我們只有找到適合自己的位置，才能夠實現自己的人生價值；價值一步步得以實現的時候，我們的潛能才能逐步激發出來。如何為自己做明確的人生定位？怎樣選擇自己認為值得做的事情呢？

一般而言，一個自己認為值得的、適合自己的工作往往要滿足三個條件。

1．工作本身要符合自己的個性

我們並不能夠斷言說哪一種工作類型一定是好的，因為人和人的性格本身就有差異，所以最好的辦法就是尋找一個同自己性格相符合的工作，這樣人們才能夠全心全意地做好這份工作。

2．自己「能夠」做這份工作

想滿足這個條件，我們就需要對自己的能力有一個認識，既不能太過高估自己，也不能太過低估自己。過於高估自己的話，我們在做事的時候就會覺得力不從心，難以將工作做好，慢慢地我們就會討厭自己所做的事情。一旦有了厭倦的心理，工作就難以進行了。如果過於低估自己，我們做事的時候難以完全發揮自己的實力，那麼我們當然會覺得自己被大材小用，手頭的工作是自己不值得做的。

3．自己能夠做「好」這份工作

相信很多人都有這個感覺，某件事情他能夠做，但是想要做好卻非常困難。如果將一件事情做得非常含糊，我們內心就難以生出滿足感，時間久了，也會產生厭煩心理。所以我們說，要選擇自己能夠做「好」的工作，這樣才會讓我們越做越有激情，越做越想做。

很多人都說人生如棋。其實，人生與棋局除了這一點相似之處之外，還有很大的區別。因為人是有感情的，棋子則沒有。棋子放在哪裡，就在哪裡起作用。人則不一樣，一個人如果站在不適合自己的地方，內心就會產生嚴重的厭倦感和無力感，很多時候不僅起不到作用，還會有負面的影響。

所以，我們一定要做正確的人生定位，把自己放在最適合自己的位置上，放在自己想要存在的地方。很多事情都是這樣，只有你想做，你才有可能做好。

墨菲定律：在錯誤中成長，直到走向成功

一九四九年，有一位名叫愛德華・墨菲的工程師參加了美國空軍進行的Mx981實驗，這個實驗的目的是研究「飛行員對急劇的速度變化的承受能力」。實驗準備工作中有這樣一項：將監控器裝在志願者的身上，以便研究人員能夠獲得志願者們對加速度承受能力的資料。

實驗開始之前，工程師們認真檢查了所有的環節，確定無誤之後實驗開始了，然而不知何故研究人員竟然收不到任何監控資料，這讓所有的工程師感到困惑。最後墨菲發現他的一位同事「非常認真」地把監控器內的電池裝反了！墨菲幽默地說：「如果有兩種或以上的途徑去做一件事情，只要有一種方法是錯誤的，那麼一定會有一個人這麼去做。」——這句話後來演變成了心理學上著名的「墨菲定律」。

什麼是「墨菲定律」呢？墨菲定律的主要內容是這樣的：如果一件事有出問題的可能，無論這種可能性多小，它一定會發生。墨菲定律如今是西方世界廣為流傳的俚語，人們根據墨菲定律為基礎演變出了很多變體，比如「如果一件事可能會出錯，那麼這件事一定會出錯」、「東西非常好，但是沒有用」、「不要想要教會豬唱歌，這樣不僅徒勞，還可能讓豬不快樂」……等等。

墨菲定律闡述的並不是錯誤概率問題，它側重的是偶然性中的必然性。在現實生活中，墨菲定律具有非常廣泛的應用意義。比如，我們可能晚上睡覺忘了鎖門，無論你是多麼謹慎的人，只要這種可能存在，這種事情就會發生；女士們漂亮的高跟鞋可能會折斷，只要這種可能存在，你就一定會碰上這麼一次；你在擠地鐵的時候可能會被擠掉鞋子，只要這種可能存在，你就也會遇到這種倒楣事兒……類似的情況非常多見。總而言之，一件事只要有可能發生，那麼它就一定會發生。

墨菲定律提醒我們，無論做任何事情，都不要存在僥倖心理，古語「不怕一萬，就怕萬一」，說的就是這個道理。一旦存在僥倖心理，思想上就會產生麻痹，很容易產生失誤，最終導致失敗。所以，要想取得成功，千萬不可以有僥倖心理，更不能回避錯誤，應該正視錯誤，從錯誤中汲取經驗，讓錯誤成為通向成功的墊腳

石。關於失敗是成功的墊腳石，丹麥物理學家雅各・博爾就是最好的證明。

有一次，由於一時疏忽，擺放在屋內作為裝飾的花瓶被雅各・博爾碰了一下，花瓶從桌子上掉落下來，應聲摔碎。看著自己心愛的花瓶摔成大大小小的碎片，他沒有像一般人那樣懊悔不已。他把這些碎片一一撿起，按照碎片的大小進行分類，然後稱出重量。結果他發現，這些碎片中，10～100克的最少，1～10克的稍多，0.1克和0.1克以下的最多。與此同時，他還發現，這些碎片的重量也有一定的倍數關係，較大碎片的重量是次大碎片重量的16倍，次大碎片的重量是小塊碎片重量的16倍，小塊碎片的重量是更小碎片重量的16倍……

雅各・博爾的這一發現被稱為「碎花瓶理論」。後來，人們根據這一理論，進行文物修護，取得了非常好的效果。如果他把花瓶碎片扔掉，可能就不會有「碎花瓶理論」，然而他生性愛鑽研，從錯誤中學習，得出了這一偉大理論。

事實上，許多的成功都是從失敗中總結出來的經驗，然後做出正確的選擇。例如，超級油輪卡迪茲號在法國西北部的布列塔尼沿岸爆炸後，成千上萬噸的油污染了整個海面及沿岸，於是石油公司才對石油運輸的許多安全設施重加考慮。還有，在三浬島核反應爐發生意外後，許多核反應過程和安全設施都改變了。

可見，錯誤具有衝擊性，可以引導人想出更多細節上的事情，只有多犯錯，人們才會多進步。假如你工作的例行性極高，你犯的錯誤就可能很少。但是如果你從未做過此事，或正在做新的嘗試，那麼發生錯誤在所難免。發明家不僅不會被成千的錯誤擊倒，而且會從中得到新創意。在創意萌芽階段，錯誤是創造性思考必要的副產品。就好像有人說：「假如你想打中，先要有打不中的準備。」

現實生活中，每當出現錯誤時，我們通常的反應都是：「真是的，又錯了，真是倒楣啊！」這就是因為我們以為自己可以逃避「倒楣」、「失敗」等，總是心存僥倖。殊不知，錯誤的潛在價值對創造性思考具有很大的作用。

人類社會的發明史上，就有許多利用錯誤假設和失敗觀念來產生新創意的人。哥倫布以為他發現了一條到印度的捷徑，結果卻發現了新大陸；開普勒發現了行星間引力的概念，卻是偶然間由錯誤的理由得到的；愛迪生也是知道了上萬種不能做燈絲的材料後，才找到了鎢絲……所以，想迎接成功，先放下僥倖心理，加強你的「冒險」力量。遇到失敗，從中汲取經驗，嘗試尋找新的思路、新的方法。

臨界點效應：成功就是再堅持那麼一點點

我們都知道，水的溫度低於零度後，水就成了冰；同時我們還知道，當水在溫度超過了一百度之後，水就會變成水蒸氣。在物理變化過程中往往存在著這樣的臨界點，物質在突破臨界點後，它的狀態和性質會發生變化；在化學變化的過程中，開始時難以看到變化的痕跡，但是一旦當溫度、濕度等外部環境超過了物質本身的一定標準，達到臨界點之後，自然就會發生反應，產生出新的物質。

由此可見，臨界點是一個十分重要的標誌。再堅持一分鐘，達到了臨界點，就可以得到完全不同的結果，這就是臨界點效應。

在我們的一生中遇到這樣或那樣的問題和挫折是再正常不過的事情了，就在你咬緊牙關的那一刻，或許就是你做一件事情的臨界點。臨界點就好比是從量變到質變的那個交界處，很多的人都是在「量」的積累過程中放棄了，更讓人感到惋惜的是有些人甚至就在那最後的一步放棄了。只有一直堅持下去的人，才會跨過「臨界點」，最終達到質的飛躍。

19世紀美國西部發現了一個大金礦，那些想一夜暴富的人們便蜂擁而至。有個年輕人買了一處礦脈，他辛辛苦苦地挖掘了一年，竟然連金子的影子都沒有看到。他很失望，心想：唉，我真是倒楣，花了這麼多的錢竟然買了一塊沒有礦藏的土地。經過再三猶豫，最終他還是放棄了繼續挖掘，垂頭喪氣地賣掉了這片土地，兩手空空地返回故鄉。

買下這片土地的人請專家勘察了地質狀況，結果專家的回答讓新礦主驚喜萬分：現在只要稍稍再挖一下，金礦就會出現！他按照專家的指點繼續挖掘後，沒過多久果然看到了金礦，於是，新礦主就這樣輕而易舉地得到了巨大的財富。

不少人在做了99%的事情後，就放棄了本可以讓他們成功的1%。

不要讓這種「只差一點」發生在你身上。失敗往往不是由於你不夠努力，而是由於你不夠堅持，當你放棄了堅持的時候，成功自然也放棄了你。正所謂「九九進一，成在其一」。這「一」的增進包含著成功的大智慧。無論是做什麼事情，在你走完了99步，剩下的最後一步往往是黎明前的黑暗，這也是考驗你信念的關鍵一步，只要你咬緊了牙關，再多努力一點點，再多堅持一點點，再多一點點思考和試驗，也就能夠成功了。

有一位熨衣工人和他的妻子兩個人艱難地生活著。這個工人的夢想是成為作家，所以即便是在非常困窘的環境下，這位工人每天還是要利用休息的時間不停地寫作，把他的餘錢全部用來付郵費，寄原稿給出版商和經紀人。但是，不幸的是他的作品全給退回來了，理由是它們非常公式化。

但是他還是一直堅持寫作，不斷地把自己認為好的作品寄給出版商。一天，他把一部認為很有希望的作品寄給出版商皮爾・湯姆森。幾個星期後，他收到湯姆森的一封熱誠親切的回信，說原稿的瑕疵太多。不過湯姆森的確相信他有成為作家的希望，並鼓勵他再試試看。

在此後的18個月裡，這位熨衣工人先後給編輯寄去了兩份原稿，但編輯毫不客氣地都給退回來了。他開始試寫第四部小說，但是由於經濟拮据，他開始放棄希望。

在一天夜裡，他很氣惱地把原稿扔進垃圾桶，所幸被妻子看到後撿了回來，妻子鼓勵他成功已經離他不遠了，不要半途而廢。

受到妻子的鼓舞，他重新燃起希望，又開始每天寫作。又一部稿子出爐了，他又把這部小說寄給湯姆森，經過這麼多年的挫折，他對此並沒有抱什麼期望，心想肯定又是被退回。但這回，湯姆森的出版公司預付了二千五百美元給他，這次他真的如妻子說的那樣，他成功了！於是經典恐怖小說《嘉莉》誕生了，這本小說後來銷售量達五百萬冊，並改編成電影，成為一九七六年最賣座的電影之一。這個熨衣工人就是後來的著名作家史蒂芬・金。

沒有誰會總是一帆風順的，當遇到挫折、困難時，是很容易失去勇氣的，這時候就需要你以永不言敗的精神堅持下去，即使現在什麼都沒有得到，也不要有放棄的念頭。由於一時的失敗就放棄夢想，就半途而廢，只能讓你與成功失之交臂。在跨越「臨界點」的那一刻，你之前所有的心血都可能會獲得回報。

羅伯特定理：放棄什麼都可以，但不要放棄夢想

在人生的舞臺上，不可能任何事情都辦得一帆風順。當遇到失敗，一切都變得暗淡無光的時候，當出現的問題看起來沒有辦法解決的時候，你該怎麼辦呢？難道選擇退縮，任困難把你壓倒嗎？這個時候，你要記住，每一次逆境都含有等量利益的種子，只要夢想還在、信念還在，總會有奇跡發生。正如美國史學家卡維特・羅伯特所說：「沒有人因倒下或沮喪而失敗，只有他們一直倒下或消極才會失敗。」後來人們把這句話稱為「羅伯特定理」。

羅絲自幼就有個夢想，那就是上大學，因為家裡窮，沒有能力供她讀書，隨著年齡的增長，她的夢想一點點在現實中擱淺。長大後，她結婚了，接著是家務、孩子、工作賺錢……儘管她沒有忘記自己的夢想，但現實生活再次告訴她，夢想只能向後拖延。歲月無情，光陰如梭，半個多世紀過去了，就在她79

歲那一年，她終於實現了自己的夢想，進了美國加州的一所大學，成為一名校園裡的大學生。

她的到來不只成為報紙新聞的頭版頭條，同學們議論紛紛，表示無法理解；同時又給學校吹來了一股清新的風，為什麼這個「年輕」的老太太還要到學校上課？大家抱著相同的問題，期待羅絲的回答。羅絲通過一段精彩的演講告訴大家她的追求。她的演講是這樣的——

我之所以走進大學的校門，和你們並肩走在校園內的林蔭小道，和你們坐在同一間教室內聽老師上課，主要原因是我有三個小秘密，它們永遠可以讓我保持年輕、快樂的心態。

第一，別故意提醒自己老了——生活中的每一天都是新的，微笑著面對生活，用善於發現的眼光感受生活中的點滴幽默。

第二，必須擁有一個夢想——一個人一旦失去了夢想，生活也就失去了色彩，即便活著，與死了沒有什麼區別。在我們周圍，有很多這樣的人，他們已經「死了」，自己卻渾然不知，還以為自己每天過得很舒適，其實這樣的人最為可悲。請同學們一定要記住，長大與成長是兩個完全不同的概念，二者之間存在著很大的差距。你現在19歲，如果什麼都不做，整天在床上躺一年，你的年齡照樣會改變，會變成20歲，除了年齡增長外，你什麼也沒有得到。因為長大不需要任何天賦與能力，是生命賦予每一個人的力量，只要是一個正常的人，任何外界因素都無法遏制。所以，要想真正地成長，就要求我們走出自我，在各種變化中尋找機遇，讓自己多經歷一些歷練。

第三，不要留下遺憾——隨著年齡的增長，通常情況下，老年人不會為做過的事情而遺憾，遺憾的是還沒有做過的事情。因此，儘量去做自己想做的事情，這樣就不會留下遺憾。

這是一個多麼了不起的老太太呀，她通過自身的經歷告訴我們：我們永遠都可以成就自己的理想。是的，有夢想，雖死猶生；沒有夢想，雖生猶死。這是一個亙古不變的真理。對於任何一個人來說，擁有夢想就等於擁有了一座燈塔，那是引路的明燈，那是很多人要為之奮鬥一生的目標。

剛剛經歷了一場婚變的格雷娜，獨自帶著三個年幼的女兒生活。生活對於她來說並不輕鬆，她必須付房子和汽車的貸款。有一天晚上，格雷娜參加了一場座談會，聽到一位先生演講「想像力乘以V（Versimilitude，逼真）等於R（Reality，事實）」的原則。這位先生指出，把心智當成圖像進行想像而不要用言語進行思考，當我們在心中清晰地刻畫想要的東西時，這些東西就有極大可能在現實生活中得以實現。

這個概念給格雷娜指明了生活的方向，讓她覺得全身充滿了力量，明白了不能再這樣生活下去，必須對現狀做出改變，活出一個全新的自己。有了這種想法以後，她把「心裡所求的」都轉化成圖像，即把自己所有的禱告清單轉化成圖像，接著在舊報紙雜誌中尋找這些圖像，然後把它們裝在一本相冊裡。

格雷娜的圖畫包括：

（1）一位英俊的男士；

（2）一個穿婚紗的女子和一個穿燕尾服的男子；

（3）花束；

（4）漂亮的鑽石、珠寶；

（5）一個島嶼，位於藍得發亮的加勒比海上；

（6）甜蜜的家庭；
（7）嶄新的傢俱；
（8）一個剛晉升為某大公司副總裁的女子。

做完這一切以後，格雷娜幹勁十足，似乎每一天都充滿了陽光。不知不覺間，八個星期過去了。一天，格雷娜開車正行駛在加州的一條公路上，腦海中全是早上十點半的那筆生意。突然間有一輛很體面的紅色凱迪拉克從旁邊經過。格雷娜注視著這輛車，這輛車實在是太漂亮了。就在這時，開這輛車的人也正好看著格雷娜，對她微笑，經常面帶微笑的格雷娜對他回報了一個微笑。接下來的路，這輛車的主人吉米就開始追她。

這一切來得太快，格雷娜似在夢中！開始交往後，格雷娜就發現吉米有一個嗜好就是喜歡搜集鑽石，而且是喜歡收集大顆的！他一直希望有一天自己喜歡的人可以為他試戴，現在格雷娜當然是最好的人選。

在他們快結婚的前三個月，有一天，吉米對格雷娜說：「我已經找到了度蜜月的好地點，這個地方就是加勒比海上的聖約翰島。」格雷娜笑著回答：「真是出乎我的意料！」

他們的婚禮在加州的拉古那海灘舉行，婚紗及燕尾服都變成了現實。就在完成夢幻相簿的八個月之後，格雷娜成為公司人力資源部的副總裁。

在結婚快一周年紀念日的時候，他們搬進了豪華的新居，格雷娜用自己想像中的典雅傢俱來裝飾自己的新居。而這時的吉米也剛好成為東岸一家知名的傢俱製造商在西岸的零售代理人。

這一切聽起來像神話故事，但都是真的。格雷娜已完成了數本「夢幻圖像畫冊」了。

格雷娜的故事讓我們明白一個道理：夢想與現實並不矛盾。現實的無奈並不是你放棄夢想的理由。人生的旅途中，我們要攜帶的東西很多，有些東西一不留神就忘了，走著走著就丟了。可是有一件東西，每個人都要把它好好守護，那就是夢想。夢想讓我們變得強大，不被生活所奴役，不為任何人止步，給她一塊畫布，她就能描繪自己的藍圖，給她一對翅膀，她就能穿越荒野、穿越海洋。在夢想照耀下，每一個平凡的人都有自己的不平凡，在擁擠的人群裡散發出自己的光芒。

蛻皮效應：成功來自不斷地超越自己

在每個人的成長過程當中，出於自我保護的需要，都會為自己劃定一定的安全區。同時，也正是這個安全區束縛了我們成長，阻礙了我們前進，因此，想要超越自己目前的成就，就一定要突破自我局限。只有勇於接受挑戰，不斷超越自己，我們才能不斷地成功。

心理學上，將通過不斷超越自己、取得成功的法則稱為「蛻皮效應」。

日常生活中，你是否會滿足地說：「我現在生活已經不錯，一份不錯的工作，生活也很好，這樣就足夠了。」如果你是這樣想的話，那麼你的人生，也就只能是這樣了，甚至在你以後的日子裡會變得更糟糕。一個人，即使目前的工作有多麼的好，但是自己不追求進步，那麼總有一天他會被自己的工作拋棄。

當愛迪生發明了燈泡後，他就開始努力研究如何能夠讓燈絲的壽命長、成本低、堅硬。在他做這一實驗時，工作的難度大大出乎意料，他的實驗室裡，一千六百種材料都被他製作成形狀不一、大小不同的形狀，用來做燈絲，然而，效果並不理想，不是壽命很短，就是成本太高，要麼就是太脆弱，工人難以把它裝進燈泡。一籌莫展的他，更是忍受著自身的煎熬和精神的崩潰。

全世界的人都在等待他的成功，希望能夠迎來光明的夜晚。半年後人們失去了耐心，將其批判。在當時的紐約，一家報社說：「愛迪生的失敗現在已經完全證實，這個感情衝動的傢伙從去年秋天就開始電燈研究，他以為這是一個完全新穎的問題，他自信已經獲得別人沒有想到的用電發光的辦法。可是，紐約的著名電學家們都相信，愛迪生的路走錯了。」當時這引起了轟動，幾乎所有的人都在批評愛迪生。但這些批判和否認並沒有讓他為之所動，他仍然繼續著自己的實驗。

可是，風暴並沒有就此過去。英國皇家郵政部的電機師普里斯在他的公開演講上質疑愛迪生，他認為把電流分到千家萬戶，還用電錶來計量，是一種幻想。當時的人們還在用煤氣燈照明，那時的煤氣公司更是竭力地說服人們：愛迪生是個吹牛不上稅的大騙子。就連多數的正統的科學家大都認為愛迪生是在想入非非。然而他並不為之動容，他將自己的全部精力都投入在實驗上，廢寢忘食、日漸消瘦的他仍然不放棄自己的想法，他堅信自己一定能成功。

已經過去九個月了，一些資本家開始誇下海口，說：「不管愛迪生有多少電燈，只要有一隻壽命超過20分鐘，我情願付一百美元，有多少買多少。」還有人說：「這樣的燈，即使弄出來，我們也一定點不起。」種種刺耳的話，都無法動搖他的內心，他堅持研究。

終於，這項研究在他堅持了一年之後，終於造出了成本不高，又堅硬，能夠持續照明45小時的電燈。經過了自己的堅持和努力，愛迪生成為世人心目中最偉大的發明家，也促使人類的生活進入了電氣時代，改寫了文明的進程。

有的時候，我們常常會抱怨昨天，為昨天的失落耿耿於懷；又常常嚮往明天，鬥志昂揚。卻未感覺到，就在自己的抱怨聲中和自己的幻想裡，就在這耿耿於懷中，鬥志昂揚中，自己已經失去了最寶貴的今天，昨天是已逝的今天，明天是未來的今天，只有今天，才是最真實，最值得你珍惜擁有的。

阿甘生於「二戰」結束後的不久，生長在美國南方的一個閉塞的小鎮。他先天弱智，智商只有75，然而，他很幸運，他有個性格堅強的母親，她沒有拋棄阿甘，反倒希望自己的兒子和其他正常人一樣地生活。於是她常常鼓勵阿甘「傻人有傻福」，讓他自強不息。這讓小小的阿甘十分的溫暖，從自卑的陰影中走出來。

在上學時，阿甘總受同學的欺負，沒有發洩的方法，阿甘變得越來越不愛說話，他總走在同學看不到的地方，他不想讓別人指著他的腦袋大聲地嘲笑他是個弱智。回到家，母親總能看到他臉上的委屈。母親這時就會用自己溫暖的雙手撫摸他的臉，告訴他：「我的阿甘很棒，今天肯定沒有給老師找麻煩，也在放學後很快趕回來，是個乖孩子，雖然我兒子傻了點，但是傻人有傻福啊，我的阿甘長大，一定是個大人物。我相信！」每每聽到母親的話，阿甘就非常鼓舞，他相信，自己一定能夠成為大人物。

中學裡，阿甘還是會受到同學們不公平的待遇，他們會追著阿甘打罵。為了躲避別的孩子的欺侮，在他聽從了朋友珍妮的話後，單純正直、沒有絲毫邪念頭腦的阿甘開始奔跑。他跑著躲避別人的捉弄。漸漸地，他只要被別人嘲笑，就會開始奔跑。

慢慢地，阿甘的奔跑速度越來越快。在一次跑著躲避別人的捉弄時，他不小心跑入了一所大學的橄欖球場。當時，橄欖球場正在進行著橄欖球比賽，在場的所有人都在看他盡情地奔跑，他超越了所有人。也就是他這樣盡情地奔跑，學校破格錄取了他，他也因此參加了學校的橄欖球隊。

在橄欖球隊裡，沒有人嘲笑他，他的奔跑詮釋著他的人生。他一直盡力地奔跑，贏得了無數次的比賽，成了橄欖球巨星。他的超越，使他在一次比賽中，受到了甘迺迪總統的接見。

阿甘的命運詮釋了一個道理，人生如果墨守成規、一成不變地下去，雖然會保持往日一時美好的狀態，但最終只能走向失敗。只有積極地面對挫折，面對失敗；永遠不停止前進的腳步，每時每刻都追求更強、更好，才會走向成功。

即便看不見光明、希望，但仍然孤獨地、堅韌地奮鬥，我們才能超越自己，成就自己。中外無數成功人士的事例證明：「我們只有把握好今天，才能走出昨天的陰霾，開創美好的明天。只有在今天不斷創新，超越自己，才能成功。」

跳蚤效應：不要為自己的人生設限

有這樣一個實驗：將跳蚤隨意地拋在地上，它能在地上跳起一米多高。但是如果在一米高的地方放一塊板子，當跳蚤再次跳起來就會撞到板子，並且會一再地撞到板子。經過一段時間後，再將板子拿掉，你會很驚訝地發現，跳蚤雖然還在跳，但已經不能夠跳到一米以上的高度了。原因是因為它們調節了自己跳的高度，並且適應了這樣的高度，不再改變。這也就是「跳蚤效應」。

一個人，如果沒有目標，那麼他的人生就會是渾渾噩噩的，是非常不快樂的！我們知道，跳是跳蚤的天生能力，而跳蚤之所以喪失了跳躍的能力，原因是因為跳蚤在一次次的碰壁後，自身產生了消極的思維方式，認為要是再跳高了還會碰壁，就會為了適應當下的環境而主動地降低自己跳躍的高度，漸漸地一次次的挫敗慢慢地吞噬了它的信心，使它在失敗面前變得麻木了。也因為如此，當它頭上的擋板已不存在時，它卻喪失了再次跳高跳的勇氣。人也如此，如果沒有自己的目標，自身的行動欲望和潛在能力就會被自身消極的態度扼殺，那麼自己也就會像跳蚤一樣，一生永遠都跳不到一米以上的高度。

一九五二年7月4日，對很多人來說並不是什麼特殊的日子，但是對於弗洛倫絲・柯德威克來說，這一天卻是個終生難忘的日子。

早上天剛濛濛亮，加利福尼亞海岸還籠罩在一片濃霧中的時候，在海岸西部約有21英里的卡塔林納島上，游泳運動員柯德威克要涉水進入太平洋，向加州海岸遊去。在此之前，還沒有一個女性能夠遊過英吉利海峽的紀錄，所以她是否能夠成功地遊過這個海峽，也顯得尤為重要。

早晨的太平洋雖然安靜柔美，但海水仍然是冰涼刺骨，54歲的柯德威克緩緩地躍入太平洋，由於她的驚人之舉，電視上正在轉播她的故事，這也吸引了無數人在電視機前關注著她。在此之前，柯德威克也曾進行過多次此類的渡海游泳，對一個游泳員來說最大的問題並不是自身身體的疲勞，而是冰涼的水溫造成的四肢發麻和僵硬。時間一分一秒地過去，她身體被海水凍得發麻，再加上大霧，她幾乎連護送自己的船都看不到。

15個鐘頭過去了，柯德威克再次被海水的溫度困擾，她的身體已經被凍得完全麻木了，她知道，自己如果再這樣繼續堅持遊下去，很有可能出現意外。於是她放棄了這一次渡海，她呼喊隨行的護船，拉她上船。當時柯德威克的母親和教練都在隨行的船上，他們大聲呼喊，告訴她已經快要到達海岸了，堅持一下，不要放棄。但是當柯德威克向加州海岸望去的時候，到處都是茫茫的濃霧，她什麼也看不到。

幾十分鐘後，隨行的人把她拉上了船，而拉她上船的地點，離加州海岸僅僅只有半英里！

當柯德威克從寒冷中恢復過來後，聽別人告訴她只差半英里沒有到達海岸的時候，她非常沮喪。她告訴記者：「其實我並不是因為疲勞過度才半途而廢的，雖然有一部分是因為寒冷的原因，可以說最主要的還是因為濃霧太重，我根本看不到目標地在哪裡。」柯德威克的一生中從沒有放棄過任何有挑戰性的比賽，只有這麼一次例外。

柯德威克對這一次的失敗非常不甘心，她決定要再次向這個項目挑戰。於是在兩個月之後，她成功地遊過了英吉利海峽。而且要比男性遊過此海峽的最佳時間紀錄還要快了將近兩個小時，成為世界最成功的女性。

每個人在世界上多少是有自己的目標的，儘管那些目標許多人並不能夠清醒地意識到。但是在生活中，目標就是生存的意義，沒有目標，人的生命一半都是失敗的。對於那些為目標而奮鬥的人來說，沒有了目標，也就沒有了生命的價值。什麼樣的抉擇就會有什麼樣的生活，什麼樣的目標就會導致什麼結果，目標永遠是你將來生活的底片。

普瑞馬克定律：行事果斷絕不拖延

生活中，總能看到這樣的一群人，他們做事時總習慣於拖延，總願意在行動之前先讓自己享受一下最後的安逸，還美其名曰：慢生活。這樣的人，不值得欣賞，生活歸生活，做事歸做事，這是兩碼事。做事習慣拖延，沒有緊迫感，到既定的日期不能圓滿完成任務，只能倉促了事，最終導致失敗。

針對拖延的問題，「普瑞馬克定律」可以幫我們克服掉。大衛・普瑞馬克通過長期對動物的觀察，發現一個有趣的規律，當動物做自己喜歡的事情時，往往表現得比較積極；當面對不喜歡做的事情時，總會表現出懶散的行為，故意去拖延時間。從動物的行為中，提出了普瑞馬克定律：做事要果斷。一味地拖延，只能白白地浪費時間，對實現人生的價值沒有任何意義。

20世紀80年代末，埃克森公司的一艘巨型油輪觸礁，原油大量洩漏，給生

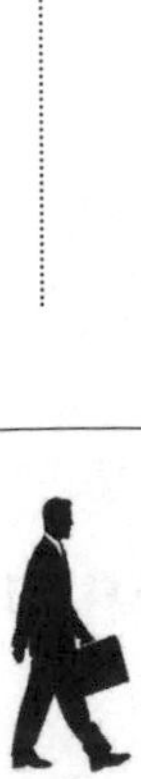

態環境造成了巨大破壞。但埃克森公司卻遲遲沒有做出外界期待的反應，以致引發一場「反埃克森運動」，甚至驚動了當時的美國總統。最後，埃克森公司總損失達幾億美元，形象嚴重受損。

由此可見，無論是公司還是個人，沒有在關鍵時刻及時做出決定或行動，而讓事情拖延下去，都會給自身帶來嚴重的損失。那些經常說「唉，這件事情很煩人，還有其他的事等著做。先做其他的事情吧」的人，總是奢望隨著時間的流逝，難題會自動消失或有另外的人解決它，其實這不過是自欺欺人——不論他們用多少方法來逃避責任，該做的事還是得做。而且拖延是一種相當累人的折磨，隨著完成期限的迫近，壓力與日俱增，這會讓人覺得更加疲憊不堪。

當然，很多拖延者也清楚，把事情做在「生死邊緣」的感覺並不好，但每次當他們在最後期限內把事情趕完時，就仿若死裡逃生，那種快感、那種被壓迫出的所謂高效率，就會讓他們嘗試著下次再冒險「走鋼絲」——他們的心理就時常處於這種糾結的狀態之中。

那麼，該如何改變這種不良的心理呢？最好的方法就是養成果斷行動的習慣。

古時有兩個和尚住在峨嵋山上，其中一個貧窮，一個富裕。有一天，窮和尚對富和尚說：「我想到南海去朝聖，您看怎麼樣？」富和尚說：「你憑藉什麼去呢？」窮和尚說：「我一個水瓶、一個飯缽足夠了。」富和尚說：「我多年前就想租條船順流而下，現在都還沒做到呢，你憑什麼去？！」第二年，窮和尚從南海歸來，把去過南海的事告訴富和尚，富和尚深感慚愧。

現實是此岸，理想是彼岸，中間隔著湍急的河流，行動則是架在河上的橋樑。行動才會產生結果，行動是成功的保證。任何偉大的目標、偉大的計畫，最終必然落實到行動上。

有一位名叫西維亞的美國女孩，她的父親是波士頓有名的整形外科醫生，母親在一家聲譽很高的大學擔任教授。她的家庭對她有很大的幫助和支持，她完全有機會實現自己的理想。她從中學時代起，就夢寐以求地想當電視節目的主持人。她覺得自己具有這方面的才幹，因為每當她和別人相處時，即使是陌生人也都願意親近她並和她長談。她知道怎樣從人家嘴裡「掏出心裡話」。她的朋友們稱她是「親密的隨身精神醫生」。她自己常說：「只要有人願意給我一次機會，我相信一定能成功。」

但是，她為達到這個理想而做了些什麼呢？她沒有做任何事！她等待奇跡的出現，希望一下子就當上電視節目的主持人。

西維亞滿腔熱忱地期待著，結果什麼奇跡也沒有出現。

誰也不會請一個毫無經驗的人去擔任電視節目主持人。而且節目的主管也沒有興趣跑到外面去搜尋天才，都是別人去找他們。

另一個名叫辛蒂的女孩也有著同西維亞完全相同的理想，不同的是，辛蒂通過自己的果斷行動，達成了這一願望——成了著名的電視節目主持人。辛蒂知道「天下沒有免費的午餐」，一切成功都要靠自己的努力去爭取。她不像西維亞那樣坐等機會出現。她白天去做工，晚上在大學的舞臺藝術系上夜校。畢業之後，她開始謀職，幾乎跑遍了洛杉磯每一個稍具名氣的廣播電臺和電視臺。但是，每個地方的經理對她的答覆都差不多：「不是已經有幾年經驗的人，我們不會雇用的。」

但是，她不願意退縮，也沒有等待機會，而是繼續尋找機會。她一連幾個月仔細閱讀廣播電視方面的雜誌，最後終於看到一則招聘廣告：有一家很小的電視臺招聘一名預報天氣的女孩子。

辛蒂抓住這個工作機會，立即前往應聘，並成功地得到了那份工作。

辛蒂在那裡工作了兩年，後來在洛杉磯的電視臺找到了一個工作。又過了五年，她終於得到提升，成為她夢想已久的節目主持人。

為什麼西維亞失敗了，而辛蒂卻能如願以償呢？

西維亞那種失敗者的思路和辛蒂的成功者的觀點正好背道而馳。分歧點就是：西維亞一直停留在幻想上，坐等機會，期望時來運轉，然而，時光卻流逝了；而辛蒂則是採取行動，她先是用專業知識充實了自己，而後又在小電視臺得到了鍛煉，積累了比較多的經驗，直至最終實現了理想。

「今天能做的事情，不要拖到明天」，這樣你才不愧對你的人生。回過頭來，再看看那些成功的人，他們一旦遇到問題就馬上動手去解決，他們不去拖延，因為他們知道拖延只會使問題越來越難解決，只有集中力量，果斷行動起來，才能找到解決問題的辦法。

蝴蝶效應：最有效的防禦是未雨綢繆

一九七九年12月29日，美國麻省理工學院氣象學家洛倫茲在華盛頓的美國科學促進會的一次講演中提出：亞馬遜河流域熱帶雨林中的一隻蝴蝶，偶爾扇動幾下翅膀，兩周後，很可能在美國德克薩斯州引起一陣龍捲風。這就是「蝴蝶效應」。

你是不是覺得有點不可思議？一顆小小的鐵釘，竟能致使一個國家滅亡；一隻小小的螞蟻，也能毀壞一個長堤。但是不管你信不信，確實能夠造成這樣的效果。還記得一九九八年的那場亞洲金融危機嗎，至今想起來心有餘悸；還有二〇〇三年波及全球的SARS，二〇一九年12月在武漢爆發的傳染性肺炎，演變成全世界的大瘟疫……

生活中也不乏類似的現象。我們可能有過這樣的經驗：你昨天晚上睡覺前忘了設鬧鐘，今天早上就沒有按時起床，然後你遲到了，而按照公司紀律你有可能被處分甚至開除；你錯過了十分鐘一班的公車，因此延誤了飛機，於是不得不改乘下一班，不幸的是，改乘的這一班飛機走到半路上，四部引擎全部失靈，開始做自由落體運動……

世界上的事情就是這麼複雜，從蝴蝶效應中可以看出：事物之間不僅具有一定的關聯性，而且還具有種種發展演變的連鎖效應。

因此，我們絕不可低估蝴蝶效應所造成的危害，否則當你覺察時，傷害已經造成，悔之晚矣。

一位在大西洋沿岸擁有一大片土地的農場主想要雇用一個幫手，可是，很多人都不願意在大西洋沿岸的農場幹活。理由是，害怕喜怒無常的大西洋風暴會無情地摧毀房屋和莊稼。因此，這個農場主的招聘啟事貼出去很長時間了，卻沒有人前來應徵。最後，一個身材矮小、體格瘦弱的猶太中年人來到農場主面前。

農場主上一眼、下一眼、左一眼、右一眼，足足打量他有三分鐘，看得瘦小的猶太人有些渾身不自在，但他還是儘量保持鎮定，不在農場主面前露怯。打量完後，農場主背過身去，猶太人心想，這份工作可能泡湯了。正當他準備向農場主辭別時，農場主說話了。

「幹農活，你是個好幫手嗎？」農場主用不放心的口吻問道。

「猶太民族是一個勤勞而又能吃苦的民族，為了生存下去，再苦再累，我們都會幹，並且會把工作幹好，我自然也不例外。但是，基於這裡的特殊情況，請允許我在起風的時候安心睡覺。」

儘管農場主看不上他，對他的回答有些迷惑不解，但苦於長期缺少幫手，自己遭受了巨大的損失，還是決定留下這位瘦小的應聘者。

正如瘦小的猶太人說的那樣，他幹起活來特別賣力，從來不讓農場主催促他。天剛剛亮，他便開始起來幹活，一直忙到天黑才肯收工。農場主看他如此勤勞，心裡自然非常滿意，認為自己選對了人。

然而，這種滿足感還沒持續多久，「厄運」就降臨了。一天夜晚，海面上突然狂風大作，巨大的海浪排山倒海般拍打著海岸，發出巨大的聲響。睡夢中的農場主被窗外的響聲驚醒了，他翻身下床，抓起燈籠，跑到旁邊雇工住的屋裡，推著那個瘦小的猶太男人，大聲叫喊道：「趕快起來！風暴來了！快把東西綁好！」然而，瘦小的猶太男人根本沒有理會焦急中的農場主，只是在床上翻了一下身，不慌不忙地說：「我不必起來，先生，我曾經告訴過你，起風時，我可以安心睡覺。」

聽到這番話，農場主簡直是怒不可遏，真想當即把他解雇了。可是，當務之急還是先搶救東西要緊，於是他趕緊跑出去想辦法應付這場暴風雨。然而，令他感到驚奇的是，所有的乾草垛早已蓋好了防水油布，牛拴在牲口棚裡，雞關在雞籠裡，門都已閂好，百葉窗也關緊了……一切都安排得非常妥當，風暴根本刮不走任何東西。農場主此刻才明白瘦小的猶太男人那句話的真正含義。

於是，當風暴再次來臨的時候，他也可以安心地睡覺了。

要想避免悲劇的發生，最有效的防禦，就是未雨綢繆。也就是說，做事要先有準備，在事態還沒有發展到不可收拾時，就採取應對措施，從而把錯誤消滅于萌芽階段，不讓它發展。所以，防患於未然是絕對必需的。怎麼做到未雨綢繆？怎樣才能避免蝴蝶效應呢？

一、不要有僥倖心理

萬事都是有關聯的，任何重大事件發生前都會有前奏、有預兆。很多時候，人們常常會因為懶惰，想省事，而故意忽略一些小問題。殊不知，這正是大問題發生的前兆。

一個老電工，上電線杆修理電路的時候，剛爬上去就感覺不對勁。但他覺得已經爬上來了，就不想再下去了。他還在心裡自我安慰，自己幹了一輩子電工，從來都沒出過事，這次也應當沒事。結果，電線杆因年久破損而斷裂，老電工也因此摔斷了腿。

任何錯誤的產生都是有預警的，但人們因為心存僥倖，以「也許……」「不會如此吧」來搪塞自己，結果反而害了自己。如下雨前定會烏雲密佈，偶爾還伴有打雷和閃電，但人們往往會想：也許光打雷不下雨呢。於是，出門依舊不帶雨傘，結果大雨傾盆，自己也被淋成了落湯雞。

生活中還有很多這樣的情景：

有的人酒後駕車，結果出了車禍。車子被撞得一塌糊塗，好在人無大礙。回來後，這人便信誓旦旦：從此不再酒後駕車。可是不久他又將這事忘了，朋友問他：「不怕再出事？」他笑笑說：「不會這麼巧吧？只要多加注意，不違章，不超速，應該不會出問題。」結果，這人在一次酒後駕車時又出了車禍，不過這次，他可沒那麼走運，因為傷勢太重而一命嗚呼了。

有的人考試作弊被抓，下一次考試前，同學都勸他趕緊看書，他心想：這次應該不會那麼倒楣了吧。所以，臨考前他還是沒有看書。結果他因作弊再次被抓，又記了一支大過。

許多騙子、盜賊、貪官，明明都深知自己所做事情的後果，但為什麼還要繼續下去？不是他們不怕，只是因為他們心存僥倖，他們認為這樣的事情不會偏偏落在自己頭上，於是，一次一次，一點一點，一步一步，越陷越深。

其實，很多應該避免的事情，很多不該發生的災難，恰恰就是由於我們的「心存僥倖」。既然都心存僥倖了，還有什麼資格逃離不幸呢？

二、做事前要考慮到最壞的結果

很多人做事的時候，都很猶豫，總是前思後想地考慮：我該不該這樣做呢？我是該前進，還是該停止？

事實上，判斷自己究竟應當怎樣做，有一個最簡單的標準：如果你能接受最壞的結果，你就去做；如果不能，請停止。

也就是說，做事之前，我們必須考慮到最壞的結果。例如，對於婚姻問題的取捨之間……如果你能接受對方的最大缺點，那你就和他在一起；如果不能，就該捨棄這段關係了，以免日後「後悔莫及」！。

再比如，看到朋友都買車了，你也蠢蠢欲動，想向朋友靠齊，但實際上你的經濟狀況並不是那麼理想。這時候，你可以想想，如果你能接受以後月月還貸款，那麼你就去買；如果你覺得你不想為生活所累，那你就放棄最初的打算。

而有的人做事喜歡率性而為，想怎麼做就怎麼做，總是不考慮後果。這種行為往往適得其反，害了自己也間接傷害了別人。比方說現在的許多年輕人喜歡熬夜，大晚上了還在大喊大叫，吵得隔壁和樓下的住戶不得安寧，結果大家晚上都休息不好，影響了第二天的學習和工作。

在創業之路上，這一點尤為重要。近幾年，自我創業很是流行，身邊的人也紛紛辭職下海，想要在大海中淘金。於是，這幫人開始忙活起來。一段時間後，身邊的後悔聲、抱怨聲一直不斷：「千不該萬不該呀，我怎麼沒考慮後果就盲目地做出了決定，現在鐵飯碗也沒了，以後的日子該怎麼過啊」、「沒想到創業這麼艱難，風險太大了，看來我這種人並不適合創業」、「看吧，這就是跟風的下場」。

很多人在事後經常會發出這樣的感慨：「如果當初……那現在就不會……」這就是不考慮後果的結果。要知道，人生沒有如果，如果只不過是人們為那些曾經的憾事所杜撰出來的安慰劑罷了。所以，在做事之前不要意氣用事，先充分考慮一下後果，以這個為尺規，你就知道什麼該做，什麼不該做了。

青蛙法則：經歷的挫折越多，距離成功就越近

奧城良治曾經連續16年成為日本汽車銷售冠軍，「青蛙法則」是根據他的童年和長大以後從事銷售工作的經歷總結出來的。

一天，童年時期的奧城良治正在田埂間玩，突然他發現一隻青蛙正蹲在那兒休息。頑皮的奧城良治就向青蛙撒了一泡尿，可是，他發現青蛙不但沒有躲閃，還一直瞪著眼睛看著他。奧城良治感到很奇怪，但是當時的他也並不明白是什麼原因，就不理青蛙了。

長大以後，奧城良治從事汽車銷售工作，在工作過程中他經常會遭遇到客戶的拒絕。大家都知道，被拒絕的感覺很不好。就在他要放棄的時候，他想起了童年時的那只青蛙，並且突然明白了青蛙為什麼不閉眼睛。「我為什麼不能像青蛙那樣對待挫折呢？」奧城良治此時終於想道：銷售員面對客戶的拒絕

時，也要像青蛙面對撒在臉上的尿一樣，逆來順受，耐心面對。於是，奧城良治有了勇氣，他每天堅持拜訪一百個潛在客戶，遇到拒絕也不氣餒，終於連續16年成為日本汽車銷售冠軍。

對待挫折，著名的數學家華羅庚曾經說過：「在科學的道路上沒有平坦的大道可走，只有一條條彎曲的小徑。只有不畏攀登的人，才有可能登上科學的頂峰。」強者在挫折面前會愈挫愈勇，而弱者面對挫折會止步不前。我們要正視挫折，正確對待挫折，只有這樣才能讓挫折成為走向成功的階梯。

美國著名的科學家愛迪生，為了找出可以做電燈燈絲的材料，試驗了一千六百多種礦物和六千多種植物，最後才使電燈發出耀眼的光華。愛迪生一生的發明，有記載的就有一千三百多種，這是多麼驚人的成就啊！南朝的祖沖之，在當時極其簡陋的條件下，靠一片片小竹片進行大量複雜的計算，一遍又一遍，歷經無數次失敗，終於在世界上第一個把圓周率精確到小數點後第七位。

在工作與生活中，挫折與困難時常會突然來襲，如果你意志薄弱，怨天尤人，那就只能是個失敗者。若是主動迎上去，戰勝挫折，說不定就能夠改變現狀，順利地走出低谷。

一九四三年，詹森創辦了美國的《黑人文摘》，最初這一雜誌並不被人看好。詹森為了擴大雜誌的發行量，積極地準備做一些宣傳。他決定組織撰寫一系列「假如我是黑人」的文章，請白人進行換位思考，將自己置身于黑人的位置上，嚴肅地對待這個問題。當然，這一呼籲想要得到良好的反響，還是需要有一定影響力的人加入，這時候他想到了一個人——羅斯福總統的夫人埃莉諾。於是，他給埃莉諾寫了一封誠懇的信。

很快，詹森收到了羅斯福夫人的回信。可是，對方稱自己很忙，沒有時間寫。首次邀請就遭到了拒絕，但這並沒有讓詹森氣餒，他緊接著又給埃莉諾寫了第二封信。幾天以後，他又收到了同樣的回復：很忙，沒有時間。詹森沒有放棄努力，此後，他每隔半個月就會給羅斯福夫人寫一封信，而且言辭越來越誠懇。

不久以後，羅斯福夫人因公事來到詹森所在的芝加哥市，並準備在該市逗留兩日。詹森聽到這個消息後，喜出望外，他連忙給夫人發了電報，懇請她趁在芝加哥逗留的時間裡，給《黑人文摘》撰寫那篇文章。羅斯福夫人收到電報後，沒有再拒絕詹森的邀請。她覺得不管自己多忙，也不能再說「不」了。

這個消息一經傳出，轟動了整個美國。《黑人文摘》的發行量驟增，從過去的一個月兩萬份增加到15萬份。後來，詹森又出版了黑人系列雜誌，並開始經營書籍出版、廣播電臺和婦女化妝品等事業，成為聞名全球的企業家。

想要成就一番事業，就必須經歷各種挫折，並勇於戰勝挫折。抱怨的人永遠都只看到挫折的消極一面，卻不曾想挫折也能夠磨煉人的意志。而那些不抱怨的、始終不放棄努力的人，知道挫折的終點是成功。所以，在面對挫折的時候，我們也應該像詹森那樣，迎接挑戰，戰勝挫折。

有些人可能會說：「遇到挫折的時候，我其實並不想抱怨，我也希望自己能夠堅強一點，可我不知道怎麼做，最後就只能靠著抱怨發洩心裡的苦悶了。」

其實，對待挫折有很多辦法。

首先，樹立正確的人生目標，有了這樣的目標，就會始終保持前進的動力，馬不停蹄地向前衝。

其次，遇到挫折的時候，對挫折有一個正確的認識，冷靜地分析產成挫折的原因，然後對症下藥，找出解決問題的辦法。

再次，要激發自己再次探索創新的熱情，這是克服消極心理、戰勝挫折的一種有效途徑。

最後，就是自我疏導。很多人遇到挫折的時候會自責、懊悔，甚至埋怨，這種消極情緒是不利於解決問題的，不如自我排解、疏導，樂觀地對待現有的問題，積極尋求解決問題的辦法，這樣能夠增添戰勝挫折的勇氣。

只要保持一個良好的態度去直面挫折，有了戰勝挫折的堅定信念和決心，不管多大的艱難險阻，都一定能夠順利克服，最終取得成功。

第四章

生存博弈：把控心理才能贏得主動

人生就是一場博弈，與自己博弈也與他人博弈。博弈的輸贏直接關係著我們的生命品質和生活品質。一個人要想成就自我，就必須有洞察他人心理的能力，並能熟練地運用這些能力，只有這樣，才能成為人生舞臺上的贏家。

路西法效應：好人是如何變成惡魔

一九七一年的一天，在史丹福大學任教的津巴多教授準備開展一次大膽的心理學實驗。他把心理學系大樓的地下室改裝成監獄，並以每天15美元的酬勞請來了24名學生參與實驗。這些學生已經通過測試，證明他們是「心理健康、沒有疾病的正常人」。學生以隨機的方式被分成了兩組角色：其中九名學生擔任監獄中的「囚犯」，另外九名學生則以三人一組輪班擔任「獄卒」的角色（沒有被選為獄卒和囚犯的學生則作為他們的替補，隨時準備替換退出實驗的學生）。津巴多教授本人擔任監獄長的角色。

為了使實驗更真實地模擬現實，擔任囚犯的學生都被按數位進行編號；他們每個人都穿上犯人的衣服，戴上腳鐐和手銬；擔任「獄卒」角色的學生則穿看管服，並戴上黑色的墨鏡以增加權威感。在囚犯進牢時，他們按照監獄的正式程式，被脫光衣服，撒上除虱藥粉，然後用水管沖洗。監獄方之所以會這麼做，其實就是在暗示：來到這裡，你的尊嚴、隱私將一文不值，你必須受我們的支配。

實驗的一切準備是相當充分又具有「真實性」的，這也使得參與者們很快對自己的角色有一種定位並迅速地融入到自己的角色當中。

其實，對於實驗的主持人津巴多來說，他並不認為這有什麼大的意外，這些「獄卒」實在太業餘了，他一再告訴「獄卒」們：你們擁有處置這些「犯人」的權力。漸漸地，情況發生了變化，「獄卒」們開始意識到自己是擁有某種權力的人，他們開始對「囚犯」們行使這種權力。他們對「囚犯」進行數個小時的禁閉，強迫「囚犯」用手清洗馬桶，剝奪「囚犯」的睡眠時間等各種屈辱性活動。在實驗進行了僅僅24個小時之後，實驗人員發現，「獄卒」們已經對虐待「犯人」產生了興趣。更可怕的是，他們開始以此為樂。

這個實驗當中還發生了一個小插曲，一名編號為861的「囚犯」心理已經崩潰，他向津巴多提出要退出實驗。按照最初的規定，參與實驗的人隨時都可以退出。可是津巴多卻認為861的心理承受能力太差了，才開始一天怎麼就能要求退出呢？於是他駁回了861的請求。後來，一個叫克萊格·哈尼的實驗負責人在經過強烈的思想鬥爭後，私自放走了861，這讓津巴多大為惱火。最後，替補人員填補了861的空缺。

事實上，津巴多作為這個實驗的策劃人和組織者，他也開始沉迷於自己所扮演的「監獄長」的角色，從而失去了客觀性和同情心，似乎一切都超出了人們的預想。

如果不是被邀請來採訪津巴多的女友克莉絲蒂娜看到這一切感到極度震驚，並堅決要求津巴多立即停止這個實驗，津巴多還要將整個實驗繼續下去。實驗進入第六天時，在克莉絲蒂娜看來，津巴多如同換了一個人，他是如此冷漠、絕情，甚至有些喪失人性。直到實驗結束，津巴多才感到恍若隔世，他意識到這些天所發生的事情是瘋狂而違反人道的。他們是中了魔咒嗎？否則該如何解釋一個模擬的實驗就這樣變成一個「人間地獄」了呢？

人性，是心理學研究永恆的話題，史丹福監獄實驗作為心理學實驗中的經典案例，向人們揭示了環境對個體行為的影響是多麼巨大。好人真的會變成惡魔嗎？這個實驗證明了在一定的社會情境下，好人也會犯下暴行。這種人的性格的變化被津巴多教授稱之為「路西法效應」——上帝最寵愛的天使路西法後來墮落成了第一位墮落天使，被趕出天堂。

路西法曾經是侍奉於神右側的天使，他有著巨大的、閃耀著銀色光輝的一對翅膀，並且十分被上帝看重。而後來，由於他不肯跪拜聖子，不承認聖子的地位比天使高，率領天界三分之一的天使舉起反旗，因失敗而墮落成撒旦。

史丹福模擬監獄實驗起初是為了研究實驗者的角色認知理論，而在實驗過程中卻發生了諸多變異。本來「善」的「獄卒」在實驗中暴露了「惡」的本性，使他們在實驗中與實驗外成為截然不同的兩種人；而「囚犯」在集體反抗被鎮壓後逐漸成為任由「獄卒」擺佈的「玩偶」，失去了對自我角色的認識，更失去了反抗的能力；甚至連實驗設計者「監獄長」津巴多教授都因過分地投入實驗而不能自拔。這其中不可缺少的是監獄情境給他們帶來的影響，處於監獄環境中，他們對自我角色的認知使他們很快地融入這一體系當中，並影響到個體的生存意志。

皮格馬利翁效應：美夢成真的期待效果

「皮格馬利翁效應」源自於古希臘神話中一個美麗的傳說。

賽普勒斯國王皮格馬利翁性情孤僻，常年一個人生活。他非常喜歡雕刻，在雕刻中度過了漫長的時光。

某天，皮格馬利翁用象牙雕刻心目中女神的形象。雕刻出來的女神栩栩如生，美麗動人，連他自己也情不自禁地愛上了這個美麗的雕像。於是，皮格馬利翁每天都要對著雕像傾訴愛慕之情，和雕像談起了戀愛。時間一天一天過去，愛神阿佛洛狄忒被皮格馬利翁的真情感動，賦予了雕像生命。最後，皮格馬利翁就為這位活過來的雕像取名為伽拉忒亞，並娶她為妻，從此過上了幸福的生活。

此後，心理學家將通過讚美、信任、期許等積極情緒使願望成真的現象稱為「皮格馬利翁效應」。

為了驗證這個效應的真實性，美國著名心理學家羅森塔爾和雅格布森找了一所小學進行實驗。他們隨機抽出了300名學生進行智力測試，接著又在這300名學生中隨機抽出50名學生，並在私下請校長轉告這些學生，他們是測試中智力最出色的學生。

三個月後，羅森塔爾和雅格布森又來到學校為這300名學生進行智力測試。結果發現，受到暗示、肯定、鼓舞的50名學生的智力提升幅度遠遠大於另外250名學生。此外，這50名學生在生活上還發生了一系列變化。他們變得積極樂觀，善於和人交往，甚至變得更加自信。

十五年後，羅森塔爾和雅格布森又對這300名學生進行跟蹤調查。結果發現，沒有受到肯定暗示的250名學生裡有三位擔任知名企業的高級管理人員，而受到肯定暗示的50名學生裡卻有三位成為出色的企業家，五位成為高級管理人員。

為此，人們還私下採訪了當年一位智力排名靠後卻當上了知名企業家的學生。當心理學家告訴這位學生，當年他的智力測試排名其實靠後的事實，這位學生感到不可思議。他說：「這怎麼可能！這麼多年來，我一直都覺得自己很出色。即使面試遭到拒絕，工作出錯，我都相信我的智力很出色，總有一天會出人頭地。甚至我走起路來都能感覺到有一陣風。」

這就是「皮格馬利翁效應」的神奇功效。當你對一個人投入了期許和讚美，那麼人們就會因為受到鼓舞而向著積極的方向發展。

「老公，麻煩你去拖地。」「老公，我覺得你的力氣非常大，由你來拖地肯定能把地拖得很乾淨。你看那裡好髒，我總是沒辦法把污漬去除掉。」

這是兩句不同的話，表達同樣的目的——希望丈夫能幫忙幹家務。可是，生活中，很多人會因為省「口水」選擇說第一句話。我們會習慣地、簡短地要求對方去做某件事。結果，我們會發現對方常常不情願地幫我們幹某件事或者直接拒絕。

有一個男人結了兩次婚。某天，他的前妻和現任妻子坐到了一起聊天。前妻關切地問：「你累壞了吧，那男人可是個懶傢伙啊！」現任妻子疑惑地說：「不會啊。」前妻不相信她的話，認為她是在為前夫做掩飾，便說：「怎麼可能，我就是因為幹家務這事跟他爭吵不休才離婚的。對於他的懶惰，我實在忍無可忍。」但現任妻子表示男人是個勤快的男人。

前妻還是不相信，提出要秘密觀察的要求，現任妻子想了想，也就答應了。於是前妻躲在房間的衣櫃裡秘密觀察男人下班後究竟有沒有幹家務活。

結果，不可思議的現象發生了。男人拎著大袋小包的菜回到家裡。剛進門，男人就對妻子說：「寶貝，你快來看，我買了很多特價菜。」這個時候，男人的妻子也翻開袋子，對男人說：「天哪，親愛的，你太厲害了。怎麼能買到這麼便宜的食物呢！」

男人非常得意，就對妻子說：「你趕快到廚房做一頓豐盛的晚餐吧，我來拖地。我要讓你瞧瞧什麼叫作能照鏡子的地面。」於是，男人的妻子樂呵呵地跑到廚房裡準備晚餐，男人就挽起袖子開始拖地。

這時，躲在櫃子裡的前妻淚流滿面地走出來，說：「天哪，我怎麼不知道你有這麼勤快的一面。」臨行前，這位前妻還向男人的妻子請教了「馭夫術」，並表示一定會經營好現在的婚姻。

其實，男人的妻子也沒有什麼出色的「馭夫術」，她只是在無意中巧用了皮格馬利翁效應。這位聰明的妻子通過不斷地讚美和期許，讓男人變得按照期許的方向去發展。男人每次從事妻子誇獎的事情，都期望能幹得比妻子期許的還要好。他會想：「我要讓你瞧瞧，我能買到更便宜的食物，我能拖出比昨天更乾淨的地。」

「皮格馬利翁效應」也譯為「畢馬龍效應」是由心理學者羅森塔爾和雅格布森在教學上提出的實驗，所以亦稱為「羅森塔爾效應」。

群體效應：喚醒心中的怪獸

歷史老師羅恩・鐘斯正在給學生們講述德國在「二戰」時期的故事，有不少學生都提出了自己的疑惑：納粹的大屠殺是否意味著德國人真的是生性嗜血殘暴？為了解開這個困擾大家的問題，羅恩・鐘斯決定做一個大膽的嘗試，讓全班同學參與一個實驗——模擬當時的情景，時間為五天。

實驗開始了，羅恩・鐘斯首先宣佈，他將採取一系列與希特勒當年納粹政權相似的高壓控制：嚴格的課堂紀律，包括絕對地服從，尊稱羅恩・鐘斯為「鐘斯先生」等。很快，整個課堂的氣氛都發生了改變，而原本的優等生不再具有優勢，反而是那些所謂的「差生」，顯得更能適應環境。

接著，鐘斯要求所有人都要喊統一的口號，比如「有紀律才有力量」、「合群才有力量」等，只要一聲令下，就必須齊聲喊出來。

此外，鐘斯還讓學生們建立獨立的小圈子，創造用於辨識圈內人的秘密暗號或者手勢，他們還要負責招募新成員，製作標語、橫幅懸掛在學校裡。這個小圈子很快就建立起來了，鐘斯賦予了他們很大的權力，甚至包括監督其他同學的作業和聽課情況等。

令人驚訝的事情發生了，鐘斯發現，大家的性格都發生了變化，尤其是那些圈內的人，他們凝聚成了一股力量，對自己圈子以外的人顯得非常殘暴。

對於鐘斯來說，之前所做的這些僅僅是鋪墊，關鍵還在後面。他向這個圈子裡的學生透露了一個「秘密資訊」，說他們是一個全國性運動的一個分部，運動的目的是要找到那些願意為政治變革而英勇戰鬥的學生。馬上就要有一位總統候選人來參加他們的集會，他會在電視上宣佈，要成立一個青年組織。學生們全都熱血沸騰、信以為真了。

集會當天，超過二百名學生來到了學校的大禮堂，他們興奮地穿上了統一的白色制服襯衫，佩戴著親手縫製的臂章，在禮堂周圍還貼上了各種標語。接著，鐘斯卻在這些學生面前，播放了紐倫堡大審判的影片，並對他們說：「每個人都會接受譴責，沒有人能宣稱自己置身其外。」實驗到此結束。

在第一節課上，鐘斯曾經向學生們提問：「獨裁統治的基礎是什麼？」當時，學生們都知道包括意識形態、控制、監視、高失業率、社會不公、通貨膨脹、政治信用破產、民族主義等。但是，當學生們真正面對的時候，書本上學到的一切，似乎都被他們忘記了。

這股操縱學生行為、使他們忘記自己曾經牢記的一切做事原則的力量正是來自於群體，來自於某個集團。羅恩·鐘斯的實驗證明了：幾乎每個人都可能成為納粹，集體犯罪其實是一個心理問題。

伏爾泰說：「人人手持心中的聖旗，滿面紅光走向罪惡。」合群是人類的天性，但當人們毫無原則地盲從、毫無底線地追隨時，我們的個性就會被抹殺，理智就會離我們越來越遠。

在心理學中，有個詞語叫作「群體效應」，指的是個體形成群體之後，通過群體對個體約束和指導，群體中個體之間的作用就會使群體中的一群人在心理和行為上發生一系列的變化。這種作用會凝聚成一股無形的能量遊走在每個成員之間，讓每個個體的能量在群體中都得到強化。如果是正能量變強，對社會當然都有好處；如果群體滋生了負能量，比如說「犯罪集團」，那麼就會危害到社會。

對於個人來講，我們或許不具備改變全體的能力，但是，至少擁有選擇群體的自由。所以，當你選擇加入某個集體時，一定要想想，這個集體給你帶來的是正能量還是負能量。

《浪潮》是根據羅恩・鐘斯的心理學實驗拍攝的，電影中有個學生叫蒂姆，他性格內向，不善交流，缺乏成就感。在學校裡，蒂姆經常被別人欺負，因此人送外號「軟腳蝦」。或許是因為這個原因，蒂姆一直希望自己身邊能有幾個「兄弟」。

為了結交兄弟，蒂姆經常給其他男生送一些小禮物，並在他人近乎鄙夷的目光中討好對方說：「是送你的，我們是兄弟。」可事實上，沒有人把他這個窩囊廢當兄弟。正因如此，在「組織」成立後，蒂姆非常積極地加入。

對於蒂姆來說，組織意味著一種夢寐以求的力量。

組織給一直處於校園底層的蒂姆帶來了生活上的「轉機」。所以他全心全意地為組織服務，服從組織的一切安排。

組織規定要穿著統一，所以蒂姆就焚毀了家裡所有名牌上衣。統一的服飾

的確給蒂姆帶來一種神奇的力量。當他被別人欺負時，他開始敢於反抗，用假手槍嚇退了尋釁鬥毆者，而且那些和他穿一樣服裝的組織成員也走過來保護了他。因為組織的存在，蒂姆感覺自己不再懦弱，變得非常強大。在噴塗組織標記時，蒂姆不顧危險，爬上市政府大樓。

組織中的首領叫文格爾，蒂姆自告奮勇地要給他當保鏢，弄得文格爾感到莫名其妙。蒂姆一心一意地想維護組織的利益，希望光大它的榮耀。在他看來，組織就是他夢想中的帝國，而文格爾先生就是引領他未來的領袖。

當我們瞭解了蒂姆的這種近乎瘋狂的心理後，就很容易理解為什麼最後組織要解散時，蒂姆會拔槍威脅解散組織的老師。從中不難發現，極端組織成員加入的過程，實際上也是一種彼此綁架的過程。它提倡以組織的名義消滅異類，卻不允許成員主動退出。因為主動退出，對於組織而言是一種無法控制的行為。

在《浪潮》中，蒂姆更像是一個隱喻，就像是每個人心中被喚醒的怪獸一樣，控制著人類的心智。事實上，組織的影響是潛移默化的，在群體中，一旦獨立的自我站不住腳跟，人的行為就會變得難以控制，變得自我而瘋狂。

肥皂水效應：這樣批評不會得罪人

生活中，常常會陷入這樣的尷尬：某個穿了新衣服的朋友走到自己面前問衣服好不好看？其實，對方明顯想要得到肯定的答案。那麼這個時候，我們如果覺得不好看，就會陷入兩難的選擇。

如果忠於自己的本意實話實說，那麼對方就會不高興了；如果違心地說些恭維的話，自己的心裡又不舒服。究竟有沒有辦法可以解決這種尷尬，既能讓人們準確地表達內心的想法又不傷害到朋友呢？

美國前總統約翰・喀爾文就用了一個睿智的方法來批評他粗心的秘書。某天，約翰・喀爾文看到秘書小姐穿了一套新衣服，非常漂亮。於是他對秘書小姐說：「您穿這套衣服非常漂亮。這套衣服就是為您這種漂亮、幹練的小姐所準備的。而且，我也相信你能把你的公文處理得像你一樣漂亮。」

在讚美中夾雜批評，就像塗抹肥皂水後刮鬍子一樣，在減輕別人傷害的同時，也能有效地激勵別人。後來，心理學家就將這種現象稱之為「肥皂水效應」。

「肥皂水效應」的產生是源自於人們內心對讚美的渴望。當人們聽到外界的讚美就會產生愉悅的情緒。這個時候，再用委婉的語言來指出對方的不足之處，那麼就會變成一種激勵和鼓舞。

很多時候，人們會問對方，你想先聽好消息，還是先聽壞消息。英國心理學者曾為此做過一項郵件調查，結果發現70%以上的人選擇先聽好消息。因為當聽完好消息後，人們再聽壞消息，就會發現壞消息的「壞」程度減弱了。

從某種程度上來講，這也是一種先入為主的心理效應。當人們聽到好的消息、美好的讚美後，印象會停留在積極的一面，於是再接收到不好的消息、批評就不會覺得那麼難受了，因為人們的心情和印象還是停留在之前的感受裡。

因此，當你的好朋友詢問你衣服好不好看的時候，你不妨實話實說，但是要注意一點技巧。你可以用這樣的說法：「你穿這件還蠻不錯的。喂，我覺得如果你搭配黃色或者白色的裙子會更加好看，因為你的皮膚真的很白。」瞧，這樣就解決了你的兩難選擇。

我們可以利用肥皂水效應來學會批評別人，也可以利用肥皂水效應來拒絕別人。每個人都有不好意思拒絕他人的時候，因為我們知道「拒絕」會在某種程度上帶給別人傷害。因此，有時候寧願為難自己，也不願意拒絕他人。

不過，如果你懂得肥皂水效應，那麼也許你能在不傷害對方的前提下拒絕對方的要求。

一八五六年，麥金利競選總統的時候，共和黨裡一位重要的黨員絞盡腦汁為麥金利撰寫了一篇演講稿。這位黨員覺得自己寫得非常精彩，就興致勃勃地跑到麥金利面前，親自把這篇演講稿朗誦了一遍。他激動地圈出裡面精彩絕倫的句子，越說越興奮。

可是，麥金利卻覺得這篇稿子有些不合適，他想拒絕這位熱心的黨員，卻又害怕會傷害他的自尊心，打擊他的熱情。

於是，肥皂水效應就上場了。麥金利思考了一會兒，對這位熱心的黨員說：「我的朋友啊，這真的是一篇少有的、精彩絕倫的演講稿。我相信在黨內沒有多少人能寫得比您更加出色了。這樣精彩的稿子，我想在許多場合裡，應該是一篇非常難得的好稿子。從您的立場來說，稿子是合適的。如果從黨的立場來考慮，是不是要重新修改一下呢？這樣吧，您先回去，按照我剛才提的幾點，再撰寫一篇演講稿送給我好嗎？」

結果，那位黨員真的重新寫了一篇演講稿送給麥金利，並成為麥金利在競選活動中最得力的助選員。

同樣是拒絕的話，說得好，事半功倍，說得不好，事倍功半。因為受傷的心，就很難再去彌補。很多時候，人們說了一句令他人傷心的話，結果用十句都無法彌補對方的傷心。因此，如何說出拒絕別人的話，真是一門藝術。

在上面的故事中，如果麥金利先生直接拒絕，那麼熱心的黨員就會感到受挫，說得更嚴重一點，甚至會產生報復的心理。那麼也許最後，他就不會成為麥金利最得力的助選員，而是「阻」選員了。

登門檻效應：你是受害者，也是同謀

美國社會心理學家弗里德曼等人曾經做過這樣一個實驗：他們安排兩位大學生擔任實驗的具體實施者，讓他們去登門拜訪一些家庭主婦。第一次，其中一位大學生向被訪者提出一個小要求，即要求她們在自己家窗戶上掛一個小招牌，或者在一份請願書上簽字，目的是為了表明自己支援有關「美化環境」或「安全行駛」這一類的倡議。家庭婦女們覺得這是一些無害的小要求，都欣然同意了。

兩周以後，另一個大學生再一次來到這些家庭主婦家門前，請求這些主婦們在自家門前的草坪上放一塊巨大的，但卻與周邊環境有些格格不入的看板，上面寫著諸如「安全行駛」、「美化環境」的字樣，並請求能夠放上兩個星期。面對這樣的請求，主婦們有些猶豫，但最後還是答應了。與此同時，實驗組還安排了一個參照組，也就是讓第一個大學生去從來沒有拜訪過的家庭直接提出第二個要求，結果他被毫不客氣地拒絕了。

這個實驗的意義在於揭示了某種心理，即很多時候，操縱者都是被我們縱容出來的。有時候，我們被人哄騙引誘，或者為了得到別人的好感而答應了別人的小要求之後，就很難拒絕後面更大、更不客氣，同時更有實質性的要求了。這種情況被心理學家形象地稱為「登門檻效應」。

「登門檻效應」主要講的是，如果一個人要進你的家門，一旦他先把一隻腳踏過了你家的門檻，那麼你就很難拒絕讓他整個人都進入你的家門。可是，如果你一開始就把他毫不留情地拒之門外，那麼他也就根本進不來。

操縱者從來都是從小事開始來試探我們，比如你本來計畫好要出去玩，而你身邊的操縱者卻流露出不高興的神情，他希望你能留下來陪他；週末你下廚，想做一些自己喜歡吃的菜，可是操縱者又生氣了……這一件件的小事，最後都因為你為了要討好操縱者，讓他趕快高興起來而犧牲自己的快樂和渴望。

也許你會說，這些真的只是一些小事情，甚至旁人也會說：「這不是再正常不過的事嗎，你做點事情讓你關心的人高興不是應該的嗎？」好了，這就說到了問題的關鍵了：其實，重點不在於你為操縱者做了什麼，而是你究竟是出於何種心態在做這些事情？你是心甘情願地為他去做，同時自己心裡也十分滿足呢，還是怕他的要求沒有得到滿足而發脾氣？你是否會覺得他一次次提出新的要求，你會在內心深處感到很委屈，可又不得不去哄他高興，因為你以前都是這樣做的？你已經習慣於為了滿足他的要求而犧牲自己的意願，一旦違反，你就覺得自己反而成了壞人？如果是後面這種心態，那就說明你已經被他的情緒所左右，直到有一天你發現自己不是在為自己活著，而是被這個操縱者的喜怒哀樂所控制。而他的一顰一笑正在左右你的行為。

這一切，都是因為你的一再容忍，給了操縱者得寸進尺的勇氣和資本。因此，殘酷的事實就是：你既是操縱者手裡的犧牲品，同時又是造成這個事實的同謀，對於那些你遭受到的操縱，你應該負一部分責任。你選擇忍氣吞聲的主要根源就在於，缺乏辨別操縱者的能力，並且希望通過他人對自己的評價來實現自我價值。

那麼，你真的沒有退路了嗎？當然不是，即使對方已經把一隻腳伸進了門檻，你仍然有辦法可以對付他。首先要做的就是不要被操縱者影響，不要為照顧他的心情而改變自己的計畫。比如說，你今天晚上已經約好要跟朋友出去，他知道了以後怒氣沖沖地回來，要求你取消計畫。請注意，操控者一般來說不會直接要求你改變計畫，而是會對你說「你去玩好了，不要管我」之類的話。實際上，他卻會用動作、神情和語調暗示你這時候應該留下來陪他，就像你以前無數次這樣做過的那樣。這時，你可以選擇不要去看他，並對自己說：「不要聽他的，千萬不要留下來，就按照我原定的計畫出去玩。」

本質上，這類操縱者的內心也是脆弱的，他們希望通過控制他人得以證明自己的魅力。之前因為我們對他們的縱容，使他們以為跟人相處的時候，可以放肆地運用這種手段給自己帶來最大的效益。一定要記住，如果他這次的發作再次成功地讓你改變了原先的計畫，他下次就會變本加厲。為了不讓他陷入一種「病態的依賴」怪圈，也為了不要讓你的心情總是被他影響，你該讓他學會為自己的行為負責，讓他學會用健康的途徑跟你交流他的感情。

錄音帶效應：因為看不見，所以殘忍

在世界近代史上，曾經有三次大規模人類大屠殺的行為分別由不同的人在接受命令後將其貫徹執行，

第一個人是納粹負責虐殺猶太人的艾希曼，曾經有數量高達六百萬的猶太人在他的指揮下，被逮捕並送到集中營殺害。

第二個人是美國陸軍的威廉・卡里中尉，他在越戰時期，曾經率領軍隊在南越的索米村虐殺了一百多名手無寸鐵的村民。戰後，當卡里中尉接受軍事法庭的審判時，他堅稱：「我是遵從上級命令才去殺死敵人的！」最後，在他終身監禁判決下達的第二天，尼克森總統就下令即刻釋放卡里中尉，使他恢復了自由。在卡里中尉被釋放以後，輿論調查結果發現，認為卡里中尉無罪的人數占79%，認為被判終身監禁判的罪行太重的人占81%，而贊成尼克森總統釋放措施的人則更是高達83%。

通過這個調查結果可以發現，大多數人都認為卡里中尉只不過是奉命行事的，所以個人不需要負責任。這和先前艾希曼的情況相同，因為艾希曼同樣是執行希特勒的命令。

最後則是在廣島投下原子彈的飛機駕駛員們，每年在紀念原子彈受難者的日子裡，他們都會發表同樣的言論——「我們是奉命這麼做的，並不是我們個人殘忍冷酷的表現。」

一九六五年，美國人密格蘭為了解開這三次屠殺的人類行為的心理之謎，做了一個服從實驗，目的就是為了研究人們對權威的服從。

實驗的過程十分複雜，這裡只簡單介紹一下實驗的結果：人們會將權威人士下達的命令貫徹始終，無論這個命令會帶來何種後果，同時大部分人都認為自己對此事的行為無須負責。但事實上並沒有那麼簡單，如果控制方在會接觸到被控制方的狀態下，被要求給予被控制方負面影響，這時被控制方會產生一種抵抗感；但如果被控制方在看不到控制方的情況下被下達同樣的命令，則不會產生太大的抵觸情緒，有時甚至還會做出更殘酷的行動。後來，密格蘭根據實驗的結果，總結出了「錄音帶效應」。

我們日常生活的某些所作所為，有些是出於自己判斷而採取行動的，但其實還有許多行為是接受他人的命令、指示甚至暗示而行動的，這些行動往往與個人的意願無關。即使發出命令者並不是什麼具有權威的人，只要對方指示自己做的事情在當時的情境看來是理所當然的，我們就會服從。將服從指示或命令本身當成是理所當然的事情，加以正當化，然後決定自己的行動，這就是「錄音帶效應」。

「錄音帶效應」就好像是我們按下答錄機的開關時，錄音帶就會隨時播放出所記錄的聲音一樣。因此當我們聽到某個命令按下開關時，就會反射性地展現所記錄下來的行動。

日常生活中，我們都能體會到所謂的「情緒共鳴」，即當別人表露出某種強烈的情緒喚醒的信號時，我們也往往能夠體驗到同樣的情緒。不僅如此，這種共鳴情緒一旦引發出來，甚至會對我們的行為產生很大的影響，這往往是利他行為、攻擊行為、歧視行為等各種行為產生的原因。比如，鄰居的小孩丟失，父母悲痛欲絕，痛哭聲會使人產生惻隱之心，從而表現出一定的助人行為。

讓我們回到這三次大規模的人類屠殺，現代戰爭只要一個按鈕就能進行，完全看不到敵方的臉，因此會變得十分殘酷。由於大規模殺傷武器的發達，使得人類戰爭的心理也有所改變。艾希曼、卡里中尉和原子彈投放者，他們作為「奉命行事」的執行者，與被屠殺的民眾不可能存在「情緒的共鳴」，他們也體驗不到戰爭、屠殺所帶來的強烈痛苦，只有完成任務才是他們所必須做的事情。可悲的是，民眾竟然也十分認同這種辯解。

「錄音帶效應」在現實生活中既可以解釋某種心理，同時也可以加以有效利用。而這種利用，正是基於「密格蘭實驗」得出的結論。例如，當你在工作中搞砸了某件事情時，你除了打電話向上司道歉以外，是否還有更好的措施呢？

結論就是盡可能與上司面對面進行溝通，這樣可以讓上司真正瞭解和體會到你的愧疚感，從而產生原諒之心。相較而言，打電話或者發郵件都是十分危險的做法，難保你不會因此被調職甚至被解雇。

同樣的道理，當父母責　孩子的時候，借助外物責打孩子是最不好的方法。如果非教訓孩子不可，記著不要用外物，而只能徒手打孩子。徒手打孩子就提供了彼此接觸的條件，在無意識中家長就會放輕手部的力量。但如果是用外物打孩子，那就很難控制自己的力量了。

貝勃定律：在優厚條件下，讓對方接受剩餘部分

小敏和麗麗是一對閨中密友，兩人從小一起長大，感情好得勝似姐妹。而且，她們對待金錢、對待人生的態度，都非常一致。

情人節那天，兩人的男友同時給她倆送來了玫瑰花。讓人意想不到的是，面對同樣的玫瑰，小敏和麗麗的反應卻大相徑庭。面對男友遞過來的玫瑰，小敏表現出的不僅僅是欣喜若狂，她的眼中，還閃爍著一種受到被呵護、被關愛的極度甜蜜。

相比之下，麗麗的反應則平靜得多。面對那束嬌豔欲滴的紅玫瑰，麗麗淺淺一笑，就把它接了過來，眼裡沒有流露出感動與興奮的神情。當被問到「情人節收到火紅火紅的玫瑰，覺不覺得很感動」時，麗麗回答說：「其實沒什麼，我知道不少人收的是『藍色妖姬』（價格更昂貴的藍玫瑰）呢！」

為什麼面對同樣的玫瑰，小敏和麗麗的反應會出現如此大的反差呢？是麗麗不夠愛她的男友，還是她變虛榮了，變得更看重金錢和物質？又或者是，麗麗的男友表現得不夠真誠？不然，就是小敏故意誇張地表現了自己的情緒？

其實都不是。之所以會產生這兩種不同的結果，主要是因為：麗麗的男友在情人節前的那兩個月，每個週末都會送麗麗一束玫瑰花，而小敏的男友從來沒有送過玫瑰花給她。

其實，麗麗和小敏的反應都是非常正常的反應，它印證了一個社會心理學效應——貝勃定律。

「貝勃定律」說的是：當人經歷過強烈的刺激後，之後施予的刺激對他來說也就變得微不足道了。

很明顯，如果麗麗的男友不是一直都有送玫瑰花給對方的習慣，那麼在情人節那天，麗麗的反應就會和小敏一樣，喜極而泣。

在現實生活中，若仔細觀察，就不難發現生活中無處不充滿「貝勃定律」。比方說，在以前的很長一段時間，寄一封平信的郵票是八分錢。當郵票由八分漲到一角二分時，人們議論紛紛，對這漲上來的一角二分十分敏感。可原本幾千元的電視機漲了幾十元，甚至上百元，沒有誰會在意。

我們還常常看到這樣的現象：母親讓孩子去做一件事，孩子沒有反應；很少說話的父親一發話，孩子便乖乖照辦。原因其實很簡單，是「貝勃定律」在起作用。母親平時話多，孩子的反應也就遲鈍了；父親平時話少，說的話也就有了分量。

再深入一點，每個人對於自己身邊的人，即使他們給予我們的再多再好，我們都不會有太大的反應，反而視而不見或者覺得平淡如水。而陌生人的一點幫助，卻能讓我們感激不已。這是為什麼呢？還是「貝勃定律」在作怪。對於親人朋友，我們對他們的關愛習以為常，而且期望值很高。有時他們對我們少了一絲關愛，我們就會對其惡言相向。對於陌生人，我們沒有抱著多大的期望，因此，他們的一點點說明，我們都會感動不已。

此外，生活中的其他事也可以說明「貝勃定律」無形的作用：

一個新人剛進公司上班，在工作時力求有好的表現，兢兢業業，然後慢慢熟悉環境後就鬆懈下來，周圍人會覺得這個人矯情，前面的表現都是假的，對這個人的人品也提出質疑；另外一個新人，開始就顯得一無是處，懶散不守紀律，慢慢熟悉之後，懂得了公司的規矩，僅僅能做到按時上班，大家就立刻會誇獎他有進步，表現越來越好，覺得這個人要求上進，比前者好很多。其實，前者已經做的工作總量不知道比後者多了多少。

看來，前者有點頗受冤枉，明明是辛辛苦苦地耕耘，卻因為做錯一件事而把前面的功勞全部葬送。而後者只不過做了件再普通不過的好事，卻受到了眾人的稱讚。這能怪誰，誰都怪不上，要怨只能是怨「貝勃定律」，因為是它操縱了人們的感覺。

把「貝勃定律」推而廣之，我們可以這樣理解：如果人們一開始就被優厚的條件所誘惑，對後來才知道的部分也能較輕易地接受。那麼，我們就可以利用人們的這一心理規律來達成自己的目標。

鳥籠效應：用給予對方的方式讓對方就範

一九〇七年，心理學家威廉・詹姆斯與好友物理學家卡爾森結束了在哈佛的教學生涯後，他們常常結伴從事各種各樣的活動以打發時間。

有一天，他們居然打起賭來了。詹姆斯信心滿滿地說：「我有個辦法，要不了多久就一定能夠讓你養上一隻鳥。」聽完詹姆斯的話，卡爾森哈哈大笑起來，他肯定地說：「我從來就沒有想過要養一隻鳥，所以我是絕對不會養鳥的，你輸定了。」

幾天之後就是卡爾森的生日了，詹姆斯送了一個精緻漂亮的鳥籠給卡爾森作為生日禮物。卡爾森知道詹姆斯還在記著上次打賭的事情，因此笑著說：「就算你給我一個鳥籠，我也不會養鳥。不過，這個鳥籠挺漂亮，還很別致，我可以把它當成是一件工藝品，掛在客廳裡以供欣賞之用。你還是放棄吧，因為你和我打的賭必輸無疑。」

此後，卡爾森真的把詹姆斯送他的鳥籠當成工藝品掛在了客廳裡，不過，他卻沒有意識到麻煩來了。自從把鳥籠掛在家中之後，只要家裡來客人，就很容易看見掛在書桌旁邊的那只空空蕩蕩的鳥籠，而且，大多數客人都會忍不住問卡爾森：「教授，你的鳥籠怎麼空了啊？養的鳥飛走了嗎？」為此，卡爾森只好一次次不厭其煩地向客人解釋：「其實，事情不是你想的那樣，我從來就沒有養過鳥，這只鳥籠只是一個朋友送的工藝品罷了。」但是，每當卡爾森這樣回答客人的時候，客人就會表現出非常困惑的神情，而且還有些人會用不信任的，甚至是懷疑的目光看著卡爾森。

漸漸地，卡爾森厭煩極了，再也不想為此事浪費唇舌向客人解釋了。為了堵住客人的嘴巴，萬般無奈之下，卡爾森教授不得不買了一隻鳥放進了詹姆斯送給他的鳥籠中。就這樣，「鳥籠效應」誕生了。

約翰的太太朱莉是一位數學老師，思維嚴謹，形式古板。朱莉特別愛乾淨，總是把家裡收拾得乾乾淨淨、一塵不染。不過，朱莉缺少情趣，很少在家裡擺放鮮花等物品。因此，約翰幾次抗議家裡缺少色彩和溫暖，但是朱莉卻總是我行我素。一天，約翰買回來一幅漂亮的油畫，畫的內容是一個花瓶，花瓶裡裝滿五顏六色的鮮花，非常絢爛。又過了幾天，約翰買回了一個和畫上的花瓶很像的大花瓶擺放在畫的旁邊。一天、兩天、三天……約翰耐心地等待著。終於，一個多星期之後，約翰欣喜地發現朱莉買回來一束漂亮的鮮花插在花瓶裡。自此，客廳裡不但彌漫著花香，而且散發出生活的活力和氣息。

在第一個事例中，詹姆斯教授通過送一個空鳥籠給卡爾森教授，成功地讓卡爾森教授養起了鳥。「鳥籠效應」為人們揭示了一個很有意思的規律，在偶然得到一件原本不需要的物品時，為了這個物品看上去更加完整、完美，人們會繼續添加更多自己原本不需要的，但是卻與這個物品非常匹配的東西。

在第二個事例中，約翰正是因為深諳「鳥籠效應」的強大功效，在多次勸說無果的情況下，通過買油畫先讓朱莉學會欣賞裝滿鮮花的花瓶，然後再買一個空花瓶回家，從而成功地讓朱莉主動地買了一束鮮花放在了花瓶中。這樣一來，約翰不僅成功地避免了因為鮮花和太太鬧不愉快，而且順利地達到了目的，讓太太主動地去買鮮花插在花瓶中，可謂一舉兩得。

啟動效應：周圍的資訊能控制你的行動

在生活中，時常會出現這樣有趣的現象，例如看到別人打哈欠，我們也會打哈欠；看到影片中有人喝水，我們也會無意識地端起一杯水喝；看到敵人的名字，我們就會捶胸頓足。有時我們的行為並非受意志力控制，而是受周圍資訊的影響，使我們的行為與這種資訊保持一致，這就是「啟動效應」。

「啟動效應」是一種現象，是指一個人之前接收到的資訊會對之後出現的行為造成影響，這種影響通常個人感受不到。啟動效應是一種自動化加工過程，它不需要意志力和注意力的參與。知道啟動效應的特點之後，可以得出一個結論：不是所有自我控制的過程都需要消耗意志力。

心理學家約翰・巴奇和他的同事，以紐約大學的一群學生為被試者，通過實驗證明人的行為會受周圍資訊影響而發生改變，而他們自己卻毫無意識。

實驗人員讓大學生被試者從包含五個單詞的片語中，挑出四個組合成句子。其中一組被試者組合的句子中多半包含與老年人相關的詞彙，例如健忘的、禿頂的、灰白的、滿臉皺紋的，等等。當他們完成句子組合後，就被叫到位於大廳另一端的另一個實驗室去參加下一個實驗。在到另一個實驗室的過程中，實驗人員對他們的行為進行觀察並記錄，結果發現，用與老年人有關詞彙組合句子的被試者，比用年輕人詞彙組合句子的被試者走路速度要緩慢很多。

雖然這些詞彙並未有一個提到老年人，但是看到那些詞彙，人們就想到了年邁，繼而影響了他們的行為，所以他們到另一個實驗室的時候，走路速度放慢了不少。也就是說看到老年人的詞彙，他們的行為也與老年人保持了一致。此外，這些被試者除了走路緩慢，從椅子上起身的動作，還有喝水的動作都比平時放慢了速度。對於被試者來說，他們並沒有注意到自己行為的改變。

從上述實驗可以得知，個人接收到的資訊，會無意識地影響個人之後的行為，使人更願意將自己的行為與所接收的資訊保持一致。接收到老年人的資訊的人，行為就傾向於老年人；接收到青年人的資訊的人，行為就傾向於青年人。因此要想利用「啟動效應」來自我控制，也需對接收到的資訊進行控制。如果你接收到積極的資訊，就會讓你的行為向積極一方改變；如果接收到消極的資訊，就會促使你的行為向消極一面發展。

在英國一所大學，每一個辦公室都有一間茶水間。實驗人員為證明接受資訊的不同會給人的行為帶來不同影響，在其中一間辦公室茶水間進行了實驗。多年以來，茶水間為教職人員提供茶水和咖啡，但需要他們自己付錢。每杯茶水和咖啡的價錢都被寫下來貼到牆上，教職人員根據自己的選擇將相應的錢放入一個「誠實盒」裡。

一天，實驗人員在價格表上方貼了一張圖片，上邊不是警告性文字，也不是什麼說明，而是畫了一雙眼睛。在接下來的一周裡，這張眼睛的圖片一直存在。教職人員向「誠實盒」中投放的錢平均為70便士。第二周，價格表上的圖片內容由眼睛換為鮮花，結果教職人員向「誠實盒」中投放的錢數也發生了改變，呈明顯下降趨勢。經統計，實驗人員發現有眼睛圖片的那一周，教職人員向「誠實盒」中投放的平均錢數是鮮花圖片那一周的三倍。對於他們來說，周圍資訊的改變對他們造成的不同影響，他們本人並未發覺，所以不需要意志力的參與。

當教職員工看到有雙眼睛盯著自己時，無形之中增強了對自己的約束能力。他們打完茶水或咖啡，會自動付出相應的錢數。而看到鮮花的時候，這種約束力沒有那麼強烈，他們自動付錢的行為也會減少。

如果想利用周圍資訊進行自我控制，為行為帶來積極的影響，就要多接觸積極的資訊。例如為提升工作的積極性，應該多與勤奮的同事待在一起。和他們一起工作，你感受到的大部分資訊都與勤奮、堅持、努力奮鬥有關，你的行為自然就被他們所影響，不由自主就會發生變化。你還可以在自己看得見的地方多貼些有積極作用的圖片，或將電腦桌面設置為有積極意義的文字。經常看到這些資訊，你會不知不覺被這些資訊控制，行動變得更有積極性。

第五章

和諧人際：優質人脈是經營出來的

人際關係是社會人群中因交往而構成的相互依存和相互聯繫的社會關係。人際關係對於每個人的情緒、生活、工作有很大的影響，甚至對組織氣氛、組織溝通、組織效率和個人與組織之間有著極大的影響。

首因效應：第一印象很重要

與人相處時，第一印象十分重要，這是因為首因效應的存在。首因效應也就是第一印象效應。具體來說，就是初次與人或事接觸時，在心理上產生對某人或某事帶有感情因素的定勢。根據最初獲得的資訊所形成的印象作用最強、持續的時間也長，不易改變，甚至會左右對後來獲得的新資訊的解釋，從而影響到以後對該人或該事的評價，同時也影響人際關係的建立。

心理學研究發現，當與一個人初次會面時，在短短的45秒鐘內就能產生第一印象，而最初的0.25～4秒的時間給對方留下的印象是最深刻的，我們可不要小看這短短的四秒鐘，別人對你75%的判斷和評價都會在這短短的時間內產生。所以在別人的第一印象中，不管你給他的印象是不是真實的，你留給別人的這種印象以後都是很難改變的。

曾經有一位心理學家為了充分證實第一印象的重要性，做了這樣的一個實驗：

他準備了30道題目，分別讓兩個學生各做一半。學生A做前半部分，學生B做後半部分，由於題目都不是很難，兩人都得了滿分。然後把試卷給其他同學看，讓他們對這兩個學生進行評價：A和B比較誰更聰明。結果發現，多數被試者認為學生A更聰明。

這個實驗表明，第一印象如果給人形成的是肯定的心理定勢，會使人在後繼瞭解中多偏向發掘對方具有美好意義的品質；若第一印象形成的是否定的心理定勢，則會使人在後繼瞭解中多偏向於揭露物件令人厭惡的部分。

達芬妮是兩個女兒的媽媽，她決定向銀行貸款，開一家出售天然化妝品的美容小店。這天，達芬妮上身穿一件舊T恤，下身穿一條洗得發白的牛仔褲，背著小女兒，拉著大女兒，闖進了銀行經理的辦公室。她繪聲繪色地向銀行經理介紹自己的創業構想和「美容小店」的未來遠景，但銀行經理拒絕了她的貸款請求。

達芬妮失望而歸，向丈夫抱怨那個銀行經理的鐵石心腸。她說：「我帶上女兒都沒有打動他！」而丈夫比較理智，說：「銀行是一個投資機構，不是救濟所，在這裡，T恤和牛仔褲是沒有說服力的。」

於是，他陪達芬妮去時裝店買了西裝，還請一位會計師寫了一份不同凡響的可行性報告，另附有預估的損益表及一大摞文件附頁，連同自家的房產證，都裝在一隻精美的塑膠卷宗夾裡。然後，他們衣冠楚楚地又去了那家銀行。這回他們沒費口舌就得到了貸款。

這件事使達芬妮意識到形象與事業成功的關係，從此，她特別注意自己的形象與商店的形象。後來，她把「美容小店」開遍了世界各地。

英國形象設計師羅伯特・龐德說：「這是一個兩分鐘的世界，你只有一分鐘展示給人們你是誰，另一分鐘讓他們喜歡你。」人與人第一次交往中給人留下的印象，在對方的頭腦中形成並佔據著主導地位，這種效應即為首因效應。一般而言，第一印象好，雙方繼續交往的積極性就高，良好的關係就可能逐漸形成與發展；反之，則可能無法建立相對親密的關係。

一次，林肯的一位朋友向他推薦一個閣員。林肯見了這個人之後，搖搖頭說：「他看上去實在是太醜了，我不願意用這樣的人。」

林肯的朋友非常疑惑，他說：「總統閣下為什麼要以貌取人呢？他的容貌是天生的，難道他應該為自己的容貌負責嗎？」

林肯回答：「是的，一個人過了40歲，就應該為自己的容貌負責。」

林肯的做法是有道理的，每個人都應該學會展示自己最好的一面，氣質、精神、打扮等，這些因素是能夠修飾容貌的，如果一個人無法做到這一點，無法給人留下好的印象，確實是他自己的責任。

當然，給別人留下良好的第一印象不能只看外表，禮儀和修養才是留下好印象的有力法寶。

當然了，「首因效應」並不完全可靠，有時候還可能出現很大的差錯，我們在與人交際的時候不應該只通過第一印象就給人下定義。但是，對於我們自己來說，一定要注重形象，爭取給別人留下更好的印象，為進一步的接觸打好基礎。

暈輪效應：克服人際交往中的認知障礙

俄羅斯著名的大文豪普希金愛上了長相漂亮的娜坦麗，在他看來，只要是漂亮的女人就會擁有出眾的智慧與高尚的人格，但事實上，他判斷錯誤。娜坦麗和普希金結婚後，除了容貌令普希金動容之外，在事業上她是無法給他幫助的。每當普希金把寫好的詩讀給她聽時，她就捂著耳朵大聲說：「我不聽，我不聽。」不過，她出席一些娛樂場所或參加活動的時候，不管普希金多想進行寫作，她也要他陪在身邊。最後普希金不但被這位漂亮女人弄得負債累累，還為她與人決鬥而獻出了生命。

在大師普希金的眼裡，美麗的女人一定擁有非凡的智慧和某些高貴的品格。但是他想錯了，這位與他在價值觀和人生觀上格格不入的女子親手毀滅了他的一生，這就是「暈輪效應」產生的後果。這個故事在心理學界一直被廣為引用。心理學家

愛德華・桑代克提出，暈輪是由於懸浮在大氣中的冰晶把太陽光或月光折射或反射而形成的光學現象，運用到心理學上就像人在認知和判斷上通常是從局部開始，再擴散至整體。也就是說，在人際交往的過程中，某人身上的一些特徵掩蓋了其他方面的特徵，人在最初印象的深刻作用ト，往往會影響，甚至是扭曲了以後的判斷，造成認知上的片面性，這是人際認知的一大障礙。

「暈輪效應」在很多方面都可以產生作用，在人際交往中，一個人可以突出自己最優秀的一面，借「暈輪效應」使自己受到歡迎；在求職面試中，可以借「暈輪效應」使自己取得面試官的信任，然後輕鬆過關……雖然它有一些積極作用，但對於企業管理者來說，「暈輪效應」卻是應該儘量避免的。

企業的領導者在用人方面，切不可太輕信事先得到的資訊，也不可輕信一些人的表面文章，更不可憑一時的感覺來做出判斷，失去瞭解真相的機會。

那麼，我們怎麼才能克服這種暈輪效應呢？

首先，切忌將自己的某些心理特徵強加於他人，要知道你的喜好厭惡並不代表別人就是這樣的。

其次，對待第一印象要冷靜、客觀。這就要求我們正確地對待「第一印象」，處理好「首因效應」，避免被先入為主的觀念影響。

再次，千萬不能以貌取人。外貌僅僅是輔助你認識、瞭解一個人的途徑，並不能完全說明這個人的本質。

最後，切忌將自己預想的形象強加在對方的身上。那些根據社會群體分類將人隨意劃分的做法實在是不明智的，這也是前文說的「定型效應」或「刻板印象」。克服「定型效應」，才能幫助我們擺脫以偏概全的認知錯誤。

另外，在避免自身陷入「暈輪效應」誤區的同時，也可以利用該效應來提高自己的人際吸引力。

總之，「暈輪效應」是一種不良的人際認知效應，我們在與人交往的過程中必須盡力克服。瞭解一個人，要全方位觀察，長期相處，只有通過自己的深入瞭解才能做出正確的判斷，切勿因「暈輪效應」的作用而搞砸自己的人際關係。

冷熱水效應：把握對方心目中的那桿秤

每個人的心裡都有一個天平，在受到外界不同情況影響時會不自覺地向一方傾斜。但過度的傾斜會造成不好的效果。例如，在處理人際關係時，它會影響對方心裡客觀的認識。所以，我們需要利用「冷熱水效應」的技巧來使對方的心理獲得平衡，實現良好的人際關係。

具體來說，當你要向別人提某項請求時，可以先將自己的請求提得高一點，那麼你就可以有迴旋的餘地；當你要向別人傳遞消息時，可以先說壞消息，再說好消息，那麼在先前的絕望中會看到一線曙光和希望；向某人表達自己的看法時，可以先批評，指出不足，然後別忘了對他的優點給予讚揚和肯定；向別人懇求寬恕和原諒時，可以表現得更加誠懇，那麼別人才有可能信任你，達到化干戈為玉帛的目的。這些都是冷熱水效應的應用，可以使交往對象有一個心理過渡和平衡的階段，最終實現自然交流。

運用冷熱水效應可以贏得別人的好感和讚揚，成功取得寬闊的人脈交際網。遭遇一些批評和挫折時，能夠妥善處理，樹立自己良好的個人形象，就會收到意想不到的效果。

有一次飛機在準備著陸時，發生了空中大塞車的意外情況，駕駛員宣告：「由於機場擁擠，飛機無法降落，所以，飛機不得不在空中盤旋，預計距離著陸時間還差四十多分鐘。」其實著陸的時間只需要三十分鐘。

頓時，機艙裡的乘客陷入了混亂，抱怨聲、牢騷聲接連不斷。

為了穩定大家的情緒，在過了五分鐘的時候，空姐就通知大家說：「由於機場處理及時現在只需要半個小時。」大家似乎感到了高興，情緒也穩定了一些。時間在一秒一秒地度過，大家真覺得是度日如年。

幾分鐘過去了，空姐又對乘客說：「由於通過機長和塔台爭取，我們只需要二十分鐘就可以安全降落了。」大家覺得很快就要降落了，機艙裡稍微安靜一些，沒有了剛開始的那種焦躁和不安。

就在乘客們認為還有十五分鐘要降落的時候，空姐最後向大家說出了實際降落的時間：「我們的飛行非常順利，請大家繫好安全帶，我們馬上就要降落了。」頓時，大家的情緒都得到了安撫，恢復了平靜。

最後，飛機安全地降落在了機場，當所有乘客站立在陸地上歡呼時，飛機上的工作人員為穩定了乘客們的情緒也歡呼著。

飛機不能夠按時降落，確實是一件非常可怕的事情，而機組工作人員利用冷熱水效應，使乘客不安的情緒迅速地穩定了下來，為降落工作帶來了很大的方便。

針對這個案例來說，實話告訴乘客實際情況，遠遠沒有採用冷熱水效應處理效果好，因為那樣做乘客只能在「平靜」中度過，心裡絲毫感覺不到希望的存在，對於穩定乘客的情緒將是非常不利的。利用這種結果反差很大的溝通技巧，不僅能夠讓乘客看到希望，而且還能夠激發乘客的信心。

現實生活中，總要經歷許多的大起大落，快樂、憂傷總是隨著心情的起伏而波動。這時候，保持一個好的心態很重要。那麼，作為交往的一方，就要學會應用冷熱水效應，從那些淚水和痛苦中，巧妙地為對方挖掘、創造出快樂和幸福。

情緒定律：用好心情去感染身邊人

每個人都是情緒化的生靈。當我們心煩氣躁時，就會無端地向他人發火，甚至大吵大鬧；當我們心情舒暢時，又會莫名地對一個自己並不熟悉的人關懷備至。不僅如此，即使是被我們推崇備至的「理性思考」其實也是情緒化的產物。因為理性思考也是人們在特定情緒狀態下做出的思考，不可避免地都會受到本人當時心情的左右。

這種我們任何時候所做的決定都是由情緒決定的現象，就是心理學上的「情緒定律」。人的情緒有很多種，都會對我們的人際關係產生巨大影響。

傑夫和朋友山姆約定一起出去玩。周日，山姆開著車，和傑夫一起離開了繁華的都市，準備在茂密的綠色森林之中來一次「森林浴」。到了目的地，傑夫和山姆被眼前的景色驚呆了。這種舒服清新的味道他們已經好久都沒有聞到了。兩人停下車子，悠閒地在林子裡散步。

將近中午，傑夫感到有些餓了，於是他走向了山姆的車子找吃的。根據事先的約定，山姆負責帶午餐。可是找遍了整個車子，傑夫都沒有找到食物的影子。這時，傑夫的肚子咕嚕咕嚕叫起來，他突然感到很惱火，於是對山姆發起了火：「你怎麼沒帶吃的！」山姆說：「我放在車子的頂棚上了。剛才過前邊那個拐角時還在呢。可能是掉在路基上了，我去找一下。」

「不用了。」傑夫說道，「我們還是回去吧。出來玩本來很開心，現在真是掃興。」說著，傑夫就爬進了自己的車子。此時，山姆也不高興了，他心裡想，至於嗎？兩人開著車回城了，一路上默默無言。從此以後，山姆再也不約傑夫一起出來玩了。

故事中的二人原本是出來放鬆心情的，可是最後卻不歡而散。究其原因，在於掉下車的食物引發了他們的壞情緒。原本興致勃勃的傑夫因為午餐沒有了，所以變得很不悅，但他並沒有控制自己的情緒，而是瞬間爆發並埋怨山姆，這樣他的不快很快又傳染給了山姆。山姆的不快使得二人之間的友誼出現裂痕。

情緒是我們在日常生活中做人做事的風向標。所以，我們在與他人交往的過程中要注意用自己的好心情去感染他們。好心情是可以傳染的。當我們處在由良好心情構成的交往氛圍中時，自然也會獲得好心情。那麼我們的好心情會對他人產生什麼影響呢？其實，好心情會帶給對方積極意義的心理暗示。

其實，好心情就是塊磁鐵，它會吸引大家向自己靠近。試想，如果我們想要改變自己的惡劣心情時，一定會選擇和那些快樂的人做伴。即使我們沒有採取主動，也會因為快樂的人在我們身邊形成了一個快樂的小宇宙而逐漸改善自己的心情，變得不那麼消沉。所以，在維護人際關係的過程中，我們要有意識地將自己的好心情傳遞給他人。這樣，只屬於我們自己的快樂就會變成多個快樂，而想和我們分享快樂的朋友也會越來越多，我們的人際關係自然就變得越來越順暢。

囚徒困境：不做愚蠢的人

大千世界，見怪不怪。人生路上，傷害我們最深的往往是號稱最愛我們的人；最讓我們失望的往往是我們寄予最高期望的人；給我們最多負能量的往往是我們投入最多情感的人；欺騙我們的常常是我們最信任的人；給我們造成最大損失的通常是我們最看好的「人才」！在人際交往中，似乎很少有人是我們值得信賴的人，由此，有些人在處理人際關係時，往往都保持一種戒備的心理，把他人從內心區隔開來，甚至看成一種敵對、競爭關係。

「囚徒困境」是博弈論中的內容，他原本是犯罪心理學家開發出來的，用來審訊犯人的一種手段。我們知道，刑警在審一個犯人，在證據不足的情況下，是很難讓對方招供的，因為他知道一旦認罪之後，將會要承擔的後果；而審兩個犯人往往很容易，因為他們之間往往並不同心。「囚徒困境」就是借助這一點而設計開發出來的，並且在審訊犯人時，屢試不爽。

兩個囚徒一起偷車，結果被員警發現抓了起來，但是在審訊過程中，又懷疑他們跟另一個重大案子有關，可又苦於沒有證據，而囚徒們只肯承認偷車，對另一個案件矢口否認。無奈之下，員警把他們分別關在兩個獨立的、不能互通資訊的牢房裡進行審訊，並給他們提供一個規則：如果兩個人都不招供，由於證據不足，只能判偷車的案子，於是每人將會判三年；如果一方招供，另一方不招供，那招供的人立了功，只判一年，而另一個囚犯將會面臨重罰，判九年；如果兩人都招供，那證據確鑿，每人判五年。

這下囚徒們開始發愁了，到底招不招供呢？如果不招供，萬一對方招供了，那自己就被坑苦了，所以站在自己的立場上，囚徒最好的選擇就是招供，因為如果對方不招供，那自己就面臨減刑，占了便宜，如果對方也招供了，至少沒坑到自己，並不吃虧，於是最後兩人都招供了。

其實，對於兩個人來說，最好的策略就是：都不招供。這樣大家面臨的刑罰是最輕的；但結果卻偏偏是兩人都選擇招供，雙方都面臨重罰。

為什麼會是這種結果？那是因為囚徒雙方都只站在自己的利益上著想，結果雙

方都做出了不理智的行為。

在管理人際關係的過程中，最忌諱的就是各自站在自己的立場上來思考問題，把雙方看成一種競爭行為，甚至是敵對行為。由此，做事的時候，只站在自己的立場上追求利益的最大化，想去侵吞合作夥伴的利益。只站在自己立場上追逐利益，本意是為了獲得最大的收益，而最終的結果卻往往是兩敗俱傷。

在森林中，這一天獅子和野狼同時發現了一隻肥鹿，於是商量一起捕捉。它們倆配合默契，很快鹿就到手了。但是在共同分享的時候，獅子卻起了貪心，想獨享，於是跟野狼爭執起來。獅子憑藉自己的雄壯體魄，把野狼活活咬死，而野狼也拼命攻擊，把獅子咬得奄奄一息。這次大戰導致一死一傷，野狼固然享受不到肥鹿了，而獅子也因為傷勢嚴重無法享受美味了。

人與人之間，貴在合作，唯有合作才能實現雙贏，才能使雙方利益達到最大化，這種合作才是可靠的，才是長久的。

一位行善的基督徒，逝世後想看看天堂與地獄究竟有何差異，於是天使就先帶他去參觀地獄，在他們面前出現一張很大的餐桌，桌上擺滿了豐盛的佳餚。「地獄的生活看起來還不錯嘛！」基督徒笑著說。

「不用急，你再繼續看下去。」天使應付著。

過了一會兒，用餐的時間到了，只見一群骨瘦如柴的餓鬼魚貫地入座。每個人手上拿著一雙長十幾尺的筷子。可是由於筷子實在是太長了，最後每個人都夾得到，但吃不到。基督徒覺得這情景太悲慘了。「你真覺得很悲慘嗎？我再帶你到天堂看看。」天使笑著說。

到了天堂，同樣的情景，同樣的滿桌佳餚，每個人同樣用一雙長十幾尺的長筷子。圍著餐桌吃飯的可愛的人們，他們也用同樣的筷子夾菜，不同的是，他們餵對面的人吃菜。而對方也餵他們吃。因此每個人都吃得很愉快。

成功離不開人際關係，沒有人際關係再大的利益你也往往只能看到，但抓不到手裡；如果通過人際關係，互借優勢，相互協助，事業進展就會非常的順利。而要維持這種人際關係，就必須雙贏，大家都能從中分到好處。所以，我們要善於創造快樂雙贏的人際關係，不要做「囚徒困境」中的「囚徒」。

名片效應：把對方變成「自己人」

蘇聯著名心理學家維利曾提出這樣一個理論，那就是我們在完善人際關係的過程中，如果讓對方知道我們的態度和價值觀有相似之處，就會使對方感覺到親切，對方就更願意與我們親近，這樣一來，我們就能夠很快地縮小與對方的心理距離，人際關係也就變得和諧起來。

這個原理就是心理學上著名的「名片效應」，之所以叫名片效應，是指交際的一方有意識、有目的地向對方表明的態度和觀點，就像是給出一張名片一樣，把自己介紹給對方。

由於這樣一種心理現象的存在，我們在處理人際關係時，就要學會給出自己的「心理名片」，對對方喜歡的事情表露興趣，以最快的速度消除對方的心理障礙，拉近與對方的心理距離。

在生活中，我們總愛和與自己有相同價值觀和共同語言的人交往。因為有許多相似點，溝通起來比較方便，還更容易「打成一片」。我們對於那些有相同經歷的人會備感親切，因為有一種感同身受的體會。

所以，在人際交往中，我們要努力創造條件形成交往雙方的共同點，減少相處的障礙，建立健康友好的人際關係。

曉燕是一家女服裝店的店長，她善於和顧客溝通，能在特別短的時間內和顧客建立融洽的關係，其他同事都非常的羡慕。她秘訣是什麼呢？

一天，店裡來了兩個女孩，其中高個子女孩看中了一條褲子，曉燕很熱情地接待了她，並招呼她試穿。從褲子的顏色、款型上來看，女孩穿上特別好看。但是不知是由於女孩原本個子太高的緣故，還是褲子的款型稍微有點短，總體上看還是有那麼一點不完美。

高個子女孩很惋惜地說：「要是再長一點就好了。」

曉燕看女孩猶豫著，估計不會買了，便說道：「像我們這種身高稍微高點，但腰部又很細的女孩買褲子就是不好買。要麼褲腿長了，褲腰會變大，要麼就是褲腰小，褲腿也短。你看，我身上穿的和你試的是同一批貨，但是你穿幾次，它就會拉長了。」

說著，曉燕伸出自己的腿讓顧客看她穿著的褲子的褲腿。

最終，女孩還是買了這條褲子，因為她覺得既然店長自己都在穿了，可見這條褲子質量應該是蠻好的！

曉燕善於利用名片效應，用自己和顧客存在的相同問題做對比，使顧客有一種「同病相憐」的感覺，最後成功達成銷售。要使對方相信你的話，你需要將自己和對方放在同一戰線上，保持一種「同體感」，那麼彼此就可以視為一體，實現零距離接觸。

名片效應可以消除對方的戒備心理，緩解矛盾和猶豫不決的心態，減少溝通上的障礙。我們無論是在生活中還是在工作中，都需要人際關係作為支撐，需要認識各種各樣的朋友。因此，學會利用「名片效應」，博得別人的好感，讓別人願意與我們相處，願意成為我們的朋友，我們的人際關係自然也就擴大了。

鄰里效應：有事沒事多走動

一九五〇年，美國幾位心理學家對麻省理工學院的一部分住宅樓進行了調查。這些住宅樓都是二層樓房，每層有五個單元，住的都是學校裡的已婚學生。由於學生們並不是長期居住，一些老住戶搬走了，新住戶就搬進去，因此，住宅樓中誰與誰相鄰是隨機的。心理學家調查的時候，挨個兒詢問學生們相同的問題：「在這個住宅樓，你最經常打交道的、關係最親密的人是誰？」統計結果顯示，學生們交往最多、關係最親密的，一般都是距離自己近的人。學生們和隔壁的鄰居親密交往的概率超過40％，隔一戶之後，這個資料下降到了22％，隔三戶之後，親密交往的概率只有10％。我們都知道，住隔壁或者是隔兩三戶，距離變化並不大，但是交往的概率變化卻非常顯著。心理學家們將這個現象稱作「鄰里效應」。

生活中，人在下意識中都更喜歡和那些看似與自己親近的人交往。一般來說，住得越近，交往的次數越多，關係越親密。正所謂「遠親不如近鄰」，距離能夠影

響人們相互之間的情感，因為人們普遍存在一種建立和諧人際關係的願望。

韓月是一個剛走出校門的大學生，找到工作之後，她租下了一個公寓居住，她房間對面是一個單身媽媽和她的一個兒子。

開始的一個多月，韓月早出晚歸，對她的鄰居沒有什麼印象。一天晚上，那個街區突然停電了。韓月一直備有手電筒，以備不時之需。她正準備借著手電筒的光亮睡覺的時候，敲門聲傳了過來。這麼晚了會是誰呢？韓月打開門，發現門口站著鄰居家的小男孩。

「大姐姐，請問你家有沒有蠟燭？」小男孩略顯緊張地問著韓月，他雙手背在身後。

韓月有點不悅，心想：「對面的媽媽也不備蠟燭或者手電筒，有了特殊情況就讓孩子過來麻煩別人。如果我今天借手電筒給他，說不定他下次還會再來借。還是不要借給他為好。」想到這裡，韓月冷冷地說：「沒有！」說完，轉身就要關門。

「果然沒有，我是來給你送蠟燭的！媽媽說你一個人在家，要是沒有蠟燭會很害怕，我家有，我媽媽讓我給你送過來了。」小男孩一邊說，一邊把藏在背後的蠟燭遞過來。韓月聽完，頓時羞得滿臉通紅，她趕緊向小男孩道謝，還給他取了零食吃。

從那之後，韓月和鄰居的關係變得非常融洽，她總是會關注自己的鄰居，在這陌生的城市裡，韓月也有了家的感覺。

每一個人都希望擁有豐富的人際關係，希望身邊有更多的朋友給自己支持，那麼，為什麼不利用身邊的資源呢？比如逢年過節的時候，單位裡經常會發一些物品，鄰里間的互相走動，不僅增進鄰里的關係，有時還會收穫意外的驚喜，同時也增加了安全感。用熱情與周圍的人互動，總是會有意想不到的收穫。

當下的社會，鄰里之間關係疏遠已是不爭的事實。每戶人家都裝上了防盜門，每個人的心也都上了一道鎖。這樣的鄰里關係令人十分遺憾，其實，每個人都希望能有個熱情親近的鄰居，平時生活上有個照應，遇到事情的時候能夠相互幫助。因此，我們一定要先打開心門，主動向鄰居示好，很少有人會拒絕與熱心的鄰居交往。

確實，當你用熱情對待周圍人的時候，他人也會給你相同的回報。在社會中，人們都希望擁有融洽的人際關係，如果能和周圍的鄰居打成一片，就會最大限度地避免鄰里之間的不愉快，也會更好地方便自己。鄰里效應歸根結底就是要熱情對待身邊的人，你懂得關心別人，自然也會得到別人的真心。熱情對身邊的人也是對自己的一種投資，是擁有廣闊人脈的一個開始，是一種惠人利己的明智做法。

阿倫森效應：有點小缺點比完美更可愛

社會心理學家阿倫森曾做過這樣一個實驗：他讓所有參加實驗的人聽一段錄音，錄音的內容是四位選手在一次競爭激烈的演講會上的演講。在這四位演講者中，第一個人很有才華，在講話的過程中沒有任何失誤；第二個人也很有才華，但在講話過程中碰翻了杯子；第三個人才華一般，但在講話過程中沒有出現失誤；第四個人才華也一般，而且在講話過程中碰翻了杯子。然後，阿倫森讓大家從這四個演講者中選出自己最喜歡的人。

實驗結果表明，雖然第一個人最出色，但他並不是最受人們歡迎的人，人們反倒喜歡有才華並碰翻杯子的人。這就是「阿倫森效應」。

人們更喜歡有缺陷的人，為什麼呢？這是因為一般人與完美無缺的人交往時，總難免因為自己不如對方而有點自卑。如果發現精明人也和自己一樣有缺點，就會減輕自己的自卑，感到安全，也就更願意與之交往。試想，誰會願意和那些容易讓

自己感到自卑的人交往呢？所以不太完美的人更容易讓人覺得可親、可愛。

因此，善於管理人際關係的人首先會承認自己並不完美，然後去追求完美。遺憾的是，很多管理者做不到這一點，他們喜歡在自己的員工面前吹噓自己的完美、自己的優點。他們不知道，其實沒有人喜歡過於完美的人，因為過於完美就遠離了真實的生活，也會在不知不覺中與他人產生距離。如果一個管理者處處都追求給下屬留下「完美印象」，只會造成與下屬之間心理上的生疏。

有位偉大的雕刻家，他的藝術造詣是如此的高超，以至於當他完成一座雕像時，令人幾乎難以同真人區分。有一天，占星師告訴雕刻家即將死亡。雕刻家非常傷心，他開始害怕——就像所有人一樣，他也想要避免死亡。他靜心思索，最後想到一個方法——他做了11個自己的雕像。當死神來敲門時，他屏住呼吸，藏在那11個雕像中間。

死神感到困惑，無法分辨出面前哪一個才是雕刻家！

「到底怎麼回事？12個一模一樣的『人』？現在，該帶走哪一個呢？」死神無法做出決定，帶著困惑，躊躇良久，「為什麼居然會有12個一模一樣的

『人』？我該如何選擇？」

又過了很久，死神想到了一個辦法——他對著面前的12個「人」說：「先生，一切都非常完美，只有一件小事例外。你做得非常好，但你忘記了一點，所以仍然有個小小的瑕疵。」

雕刻家完全忘了要逃避死神的事，他跳了出來問：「什麼瑕疵？」

死神笑著說：「抓到你了！這就是瑕疵——你無法忘記你自己，世間更沒有完美的東西！走吧！」

從心理學角度來說，「完美」是一種極端追求。那種完善自我，健康地追求完美，並且在努力達到高標準過程中體驗到快樂的人，不是完美主義者。心理學上的「完美主義者」是指那些把個人的理想標準和道德標準都定得過高，不切合實際，而且帶有明顯的強迫傾向，要求自己去做不可能做到的事的人。人生有許多的不完美，千萬不要抱怨，苦苦去追尋不完美中的完美，而失去你觸手可及的快樂。

刺蝟法則：人與人之間保持適當的距離

話說有兩隻過冬的刺蝟，冬天到了，它們兩個想用彼此的體溫來禦寒。可是，當它們靠近的時候，它們被對方身上的刺紮得疼痛萬分，不得不分開。然而為了溫暖，它們又一次靠近，結果還是吃了同樣的苦頭。怎麼辦呢？最終，兩隻刺蝟在兩難的境界中找到了解決辦法，那就是雙方保持適當距離，只有這樣，兩隻刺蝟才能夠過得平安、溫暖。

通過這兩隻刺蝟的故事，我們不禁陷入深深的思考之中。生活中的大家何嘗不像刺蝟一樣，每一個人都需要與人接近、與人交往，但是內心深處卻都想保留一個私人的空間。這個私人空間仿佛築起銅牆鐵壁，根本不允許任何人的「侵犯」。心理學家通過多年的研究，將人的這種心理特徵稱之為「刺蝟法則」。

「刺蝟法則」其實就是人際關係中的「心理距離效應」。我們都知道，雖然人和人之間都是相互需要，同時也相互說明、扶持著，但是只有保持適度的距離才能彼此保留私人空間，產生安全感和信任感。在人際關係中怎樣保持人與人之間的適當距離是一門學問。

美國西北大學心理學教授霍爾經過大量研究得出這樣一個結論：人際關係中的距離相當於「度」。換言之，只有保持好交往的頻率、距離和尺度等，才能擁有良好的人際關係。

現實生活和工作中，很多人拿捏不好人際關係的分寸，在與人交往的時候，不是太過於冷淡就是太過於熱情。冷淡會使得兩個人變得越來越陌生，而過於熱情則給人一種壓迫感，讓人難以接受。生活中，很多人的朋友逐漸「流失」，就是因為某一方或者雙方把距離逐漸疏遠了，最後失去了交情。而很多時候，兩個關係不錯的人鬧翻，都是因為距離太近造成了一些誤解或者厭煩。

比如說，有的戀人會在毫無徵兆的情況下提出分手，理由是「你對我太關心、太照顧周到了，事事俱到，我覺得壓力很大，讓人感覺快要窒息了。」又如有的人和同事或者新認識的朋友聊天，滔滔不絕，什麼秘密都跟對方說，並且肆無忌憚地談論對方的事情，這會讓對方覺得這個人不值得信任。

那麼，我們平時在維護人際關係的時候，應該保持什麼樣的距離呢？

1．比較親密的距離

親密距離的範圍在0～40公分之內，一般來說，只有關係親密的兩個人之間才會保持這樣的距離，比如親人、戀人、好朋友。這種距離範圍，雙方基本上是不設防的。

2．禮儀距離

大概45～120公分，這是人際交往中稍有分寸感的距離，適用于普通朋友、同事之間的相處。也就是對方是認識的人，但又不是很親密。如果與素昧平生的人保持這種距離，就會構成對別人的侵犯。

3．社交距離

這個範圍為1.2～3.6公尺，是一種社交性或禮節上的關係距離，一般在工作環境和社交聚會上，如企業或國家領導人之間的談判，工作招聘時的面談等，人們都保持這種程度的距離。

4．公眾距離

範圍在3公尺開外。一般適用於演講者與聽眾的場合。

這四種距離分類雖然是按照物理距離劃分的，但是也能夠體現出我們與人交往的時候應該保持的心理底線。比如說親人、戀人之間，可以分享的事情就比較多，心理距離更近。同事或者客戶，最好保持禮儀距離，工作之外的事情少談。陌生人就更要保持安全距離，不威脅到對方的心理空間。

總之，人與人之間交往的時候，要想保持順暢的人際關係，必須考慮到對方的心理防線，不能隨意突破。既要學會和別人友好交往，又要保持合適的距離，不讓彼此之間陷入尷尬境地。

投射效應：任何時候都不要以己度人

一九七四年，心理學家希芬鮑爾曾做了這樣一個實驗：

他邀請一些大學生作為被試者，將他們分為兩組。給其中一組學生放映喜劇電影，讓他們心情愉快；而給另外一組學生放映恐怖電影，讓他們產生害怕的情緒。然後，他又給這兩組學生看相同的一組照片，讓他們判斷照片上人的面部表情。

結果，看了喜劇電影心情愉快的那組判斷照片上的人也是開心的表情，而看了恐怖電影心情緊張的那組則判斷照片上的人是緊張害怕的表情。

這個實驗說明，被試的大部分學生將照片上人物的面部表情視為自己的情緒體驗，即將自己的情緒投射到他人身上。這就是著名的「投射效應」，對人際關係的影響至關重要，所以我們在與人交往時，一定要正確運用這種效應。

一日，宋代大文豪蘇東坡到金山寺跟佛印禪師打坐參禪。兩人坐了一會兒後，蘇東坡覺得身心通暢，於是問禪師道：「禪師！你看我打坐的樣子怎麼樣？」佛印禪師看了看他，於是回答：「好莊嚴啊，像是一尊佛！」蘇東坡聽了非常高興。

而佛印禪師卻接著問蘇東坡道：「學士！你看我打坐的姿勢怎麼樣？」蘇東坡向來與佛印禪師交好，卻從來不放過嘲弄禪師的機會，而兩人已經相互習慣並以此為樂。蘇東坡看了看佛印禪師後，馬上答道：「像一堆牛糞！」佛印禪師聽後也很高興，竟然笑出聲來了。

蘇東坡將禪師喻為牛糞，而禪師竟無以為答，反倒是大笑起來，蘇東坡認為自己這次是在口頭上贏了佛印禪師，心裡更是高興極了。回家後，他便把這件事當成喜事告訴他的妹妹蘇小妹，說自己贏了佛印禪師。

而蘇小妹卻沒有蘇東坡那樣的好心情，她一臉嚴肅，反問道：「哥哥，你究竟是怎麼贏了禪師的？」蘇東坡更是眉飛色舞，神采飛揚地將剛剛發生的事情又如實敘述了一遍給蘇小妹聽。

天資超人、才華出眾、極具慧根的蘇小妹聽了後，正色說道：「哥哥，其實你輸了。佛家有言：『佛心自現』，他看你如佛，而在你的心中佛像牛糞，所以你看禪師才會覺得像牛糞！」蘇東坡恍然大悟。

這裡所謂的「佛心自現」，其實是一種心理效應的體現——「投射效應」。在故事中，佛印就是利用這一點，回擊了蘇東坡。因為他既然覺得蘇東坡是一尊金佛，說明他內心的品質投射出來的就是一尊金佛，而蘇東坡內心的投射則是牛糞。

所謂「投射效應」，其實就是以己度人，投射效應其實是以自己的喜好和感受來看待別人，把自己的情緒、感受投射到他人身上並強加於人的一種認知誤區。投射效應主要分為三種表現形式：

第一種形式是相同投射，即認為他人跟自己一樣，從而把對方進行了同化。比如說有的人非常單純，他們會覺得外面世界中的所有人都是善良無害的，這樣的認知會讓他們毫不設防。還有的人過於複雜，與人交往的時候，會覺得所有人都是城府太深，都不能成為真正的朋友。這兩種看法都是錯誤的，每個人都是不同的，具體情況具體分析，不能按照自己的認知一概而論。

第二種形式是願望投射。即把自己的主觀願望強加于對方，總是認為別人的感受和自己一樣。有這樣一個小故事，很能說明這個現象：

一個父親，在秋末冬初的早晨帶著自己的兒子去趕集。他們是走水路去的，父親搖櫓，兒子坐在船頭。父親搖了一會兒之後，出了一身汗，覺得衣服太厚了，就脫掉了棉衣。這個父親不僅脫了自己的棉衣，還脫了兒子的棉衣，一邊脫還一邊說：「今天挺熱的，不應該穿這麼厚。」

然後，這個父親又開始搖櫓了。又過了一會兒，他又覺得熱，把自己的毛衣也脫了。脫了之後，他又要脫兒子的毛衣。兒子哭著說：「爸爸，別脫了，我冷！」

這位父親的所作所為就是願望投射導致的，他自己搖櫓感到熱了，就覺得兒子也會熱。我們在生活和工作中，要避免這種認知誤區，千萬不要把自己的感受強加於別人。

第三種形式是情感投射。認為別人的好惡與自己相同，進而按照自己的思維方式，試圖影響他人。這種認知誤區非常常見，很多人喜歡某個明星或者某件事的時候，會滔滔不絕地講給自己的朋友聽，甚至會強迫自己的朋友也喜歡，這是不對的，容易遭到朋友們的抗拒。

大多數情況下，投射效應會影響我們對別人的判斷，讓我們的交際陷入困境。不過，投射效應也有一定的正面作用，比如，當我們想要幫助別人解決某個困難的時候，可以利用推己及人的方法，為別人找到有效的解決方案。

林丹開了一家情侶主題餐廳。他的餐廳裝修得很好，飯菜也很好吃。可是，生意一直不溫不火，這讓他非常苦惱。

有一次，林丹跟好朋友宋小凡一起吃飯的時候，提到了這個問題，宋小凡提議到林丹的餐廳看看。

當時是晚上八點，宋小凡到了林丹的餐廳之後發現，餐廳裡面燈光很亮，各個角落都沒有陰影。他聯想到自己和女朋友一起吃飯的情景，心裡大致有了譜。宋小凡說：「我覺得應該是燈光的問題。情侶一起吃飯，很多時候是為了浪漫。如果燈光太亮，情調就沒那麼浪漫了。試試把燈光調暗一點唄！」

林丹覺得有道理，就重新更換了餐廳的照明設備，整體效果果然溫馨了許多。半個月之後，餐廳的回頭客多了起來，生意也慢慢好了。

「投射效應」其實就是推己及人的心理。這種心理有兩面性，我們一定要注意，要多利用同理心為別人考慮，而不要盲目地把自己的感受強加於別人身上。善解人意，瞭解別人的內心，卻又不讓別人覺得壓抑，才能讓自己變成受歡迎的人，人際關係才能變得更加廣泛。

互惠原理：使其回報人情

我們常會有這樣的心理：「這事兒，反正力所能及，即使麻煩點也能搞定，不如送他個順水人情，指不定咱將來也有要勞煩人家的時候。」由此看來，給人以人情，也是種善因得善果的行為。倘若能為，何樂而不為？這也是利用了人際交往中的「互惠原理」。

所謂「互惠原理」，即人們在收到對方好處時，會試圖以相同的方式給予回報。比如替他人背了「黑鍋」，對方會將這份恩情銘記在心，下次在適當的時候給我們以援手。比如結婚收了同事一千元的禮金，下次對方結婚的時候，我會包一千二百元以回贈。互惠的情況常常來自於我們無意中受到了別人的恩惠，就會懷抱負債感，試圖以後有機會回報給對方。可這負的是什麼，要還的又是什麼呢？這就是人情債。互惠原理也就是收了他人的人情，要還的就是這份「人情債」。我們常說的「知恩圖報」，大致也有這層意思在裡面。

維克多家經營著一家食品店。這家食品店建立於數十年之前，名聲非常響亮。維克多的父親死後，維克多成了該食品店的經理。他希望能通過自己的努力，使得食品店不斷發展壯大。

一天晚上，維克多正在食品店裡收拾東西。他打算比平時早一些關閉店門，因為第二天他將會帶著妻子去度假。就在他忙碌的時候，突然看到店外站著一個流浪漢。那個流浪漢穿著破破爛爛的衣服，雙眼深深陷到眼眶裡，臉上沒有一絲血色。可以看出，他已經很久沒有吃過東西了。

維克多是一個樂於助人的人。他停下手裡的活兒，走到那個流浪漢面前，說：「年輕人，我能幫你做點兒什麼？」

那個流浪漢用帶著濃重的墨西哥口音的英語說：「請問這裡是維克多食品店嗎？」

「沒錯，這裡正是維克多食品店。」

流浪漢非常羞澀地小聲說道：「我是墨西哥人，我來這裡本來是打算找一份工作，可是我找了整整兩個月，都沒有一家公司雇用我。我父親年輕時也曾來過美國，他對我說，他對你的商店印象深刻，因為他在這裡買過東西。看！

這頂帽子就是在你的店裡買食品的時候送的！」說著，他指了一下頭上戴著的那頂十分破舊的帽子。

維克多看了那頂帽子一眼，發現那的確是從自己店裡送出去的，因為帽子上那個被污漬弄得模糊不清的「V」字形符號正是自己商店的標誌。

流浪漢繼續說道：「我從家裡來到美國時，就只帶了一點兒錢。我一直沒有找到工作，錢都已經花光了。現在我已經好幾天都沒有吃過東西了，而且連回家的路費都沒有了。我想……」

維克多明白了這個年輕人的意思。他十分清楚，自己面前的這個年輕人只不過是多年前一個顧客的兒子，自己並沒有義務為這個年輕人提供幫助。可是，他覺得自己不能這樣無情。於是，他把這個年輕人請到店裡，準備了一些食物，讓年輕人填飽肚子。

年輕人吃過飯後，精神狀態好了很多。維克多與他攀談起來。他們很談得來，很快就成了好朋友。為了幫助年輕人回國，維克多還主動拿出一筆路費。

幾十年過後，維克多食品店取得了很大發展，在美國很多地方都建立起分店。為了讓生意做得更大，維克多打算把連鎖店開到國外去。可是，由於在國外沒有根基，開店的風險非常高。因此，他一直沒有做出最後的決定。

後來有一天，他突然收到一封從墨西哥寄來的信。寫這封信的人就是他多年前救助的那個流浪的年輕人。現在那個流浪的年輕人已經今非昔比，他自己開了一家大公司，每年都賺很多錢。他給維克多寫信，希望對方到墨西哥與他一起發展事業。接到信後，維克多的顧慮一下子就打消了。在這個人的幫助下，他把連鎖店開到了墨西哥，他向海外發展的計畫邁出了堅實的第一步。

試問，如果維克多沒有為那個流浪的年輕人提供幫助，並與之結為朋友，那麼他又怎麼會輕易地把連鎖店開到墨西哥去呢？所以，互惠原則是多數人心中的普遍原則，也是我們管理人際關係的重要原則。

在管理人際關係的過程中，要想讓對方主動對你提出幫助，就可以利用對方的負債感。但其前提是，我們要在適當的時候，對對方施以了援手，這份人情讓對方牢記於心。在我們需要幫助的時候，對方自然會想著盡可能地對我們提供幫助，即所謂：「滴水之恩，當湧泉相報。」

反射法則：你想要人怎樣對你，就怎樣對人

于忠梅是一個年輕的單親媽媽，獨自撫養五歲的兒子闊闊。最近，于忠梅特別困惑，甚至還專門去看了心理醫生。原來，闊闊以前特別聽話，特別乖巧，但是最近卻變得越來越叛逆，媽媽說東，他就朝西，媽媽說吃飯，他卻偏偏要睡覺。

就像昨天在公園發生的一件事情。前幾天，闊闊和幼稚園的小朋友浩浩打架了，兩個小傢伙都記仇，所以他們整整兩天誰也不理誰。不過，闊闊最近忘記了這件事情。媽媽把他從幼稚園接出來之後，他就吵著要去公園玩。距離公園很遠的時候，闊闊就興奮地喊道：「浩浩，浩浩！」原來，他看見浩浩在公園裡玩呢，便興奮地一邊往公園跑，一邊喊。誰知道，闊闊到了公園之後，浩浩卻一扭頭不理闊闊，嘴巴裡還說著：「你還打我呢，我不跟你玩！」經過浩浩一提醒，闊闊也想起來了，說：「那你還吐我口水呢！是你先吐我口水，我

才打你的！」

聽到這裡，浩浩不吱聲了，不過，他還是不和闊闊玩。于忠梅想讓闊闊去別的地方玩，但是闊闊卻固執地擋著浩浩的小汽車的路，怎麼也不讓開。于忠梅一生氣，就直接把闊闊拉回了家，還對著闊闊大喊大叫地說：「人家不跟你玩，你就找別人玩唄，為什麼非要擋著別人的路，你是癩皮狗嗎？」誰知道，闊闊也沖著于忠梅喊了起來：「我才不是癩皮狗呢，又不是我的錯，為什麼他不跟我玩！」于忠梅氣得揚手對著闊闊的屁股打了兩巴掌，闊闊居然用頭去撞于忠梅。就這樣，母子倆兩敗俱傷，整整一個晚上誰也不理誰。到了第二天早晨，看著孩子哭得又紅又腫的眼睛，于忠梅又氣又急，她不知道母子之間到底是怎麼了。最終，送孩子上幼稚園之後，于忠梅選擇了看心理醫生。

聽了于忠梅的敘述，醫生已經知道了問題的癥結所在。他問于忠梅：「你和你丈夫離婚多久了？」于忠梅說：「一年多了。」醫生接著問：「那麼，離婚之後，你發現自己的情緒有什麼變化嗎？」于忠梅沉思片刻，告訴醫生：「我是因為老公出軌才選擇離婚的，離婚之後，我的心情特別不好，動不動就愛發脾氣，也總是對著闊闊大喊大叫，經常訓斥他。有的時候，我一想到前夫出軌的事情就心理不平衡，再加上一個人帶孩子很累，所以還會打孩子的。」

醫生語重心長地對她說：「孩子的成長過程不可逆轉，你就是他的一面鏡子，你怎麼對他，他就會怎麼對你。」聽了醫生的話，于忠梅陷入了沉思……

在生活中，人們常說，如果你想讓別人怎樣對待你，你就要怎樣對待別人。其實，這個道理不僅適用於家長與孩子之間，也同樣適用於成人社會。從某種意義上來說，這句話實際上是要求我們尊重別人，平等地對待別人。眾所周知，尊重與平等是人與人之間交往的前提，假如沒有這個前提，人與人之間就無法平等友好地相處下去。假如你不尊重別人，就沒有權利要求別人尊重你；假如你不平等地對待別人，別人也會不平等地對待你；假如你對待別人不夠真誠，別人也必將欺騙你。總而言之，你要想讓別人怎樣對待你，你就要怎樣對待別人。

瀑布心理效應：說話要有分寸

在人際交往中，經常有這樣的情況：某個人隨便說了一句話，卻弄得別人十分不愉快，有點「一石激起千層浪」的意味。這種現象在心理學上被稱之為「瀑布心理效應」。

「瀑布心理效應」，即發出資訊的人心理比較平靜，但資訊被他人接收後使得他人心裡不平靜，從而導致他人的態度和行為發生變化。這種心理效應現象，就像大自然中的瀑布一樣，上面是靜靜流淌的溪水，下面卻波濤洶湧、水花四濺。

歷史上的平原君趙勝是個愛才輕色之人，很多賢人才子都因此而前來投奔他。住在他家隔壁的鄰居是一個瘸子。一次，平原君的一個小妾在樓上賞風景時，看見了走路一瘸一拐的瘸子，便忍不住大笑起來，還將他譏諷了一番。這位鄰居哪裡受得了這樣的屈辱，正所謂身殘志不殘。於是，他找到平原君趙勝，把這件事告訴了他，表達了自己的憤恨不滿，要求平原君殺了這個說話沒有分寸的小妾。雖然很為難，但是十分珍惜賢士的平原君最終還是斬了自己的小妾，並且登門向鄰居道歉。

歷史上還有一則故事，說的是在戰國時期，楚王宴請大臣們喝酒。就在大家酣暢淋漓之時，燭火滅了。黑燈瞎火之時，一位喝醉酒的大臣便趁機拉住了楚王的一個妃子。慌亂之中妃子在與他撕扯的時候，拽下了大臣的帽纓。妃子向楚王哭訴，要求懲辦這個色膽包天的大臣。但是楚王反而對眾大臣說：「大家盡情豪飲，何不都將帽纓摘下？」當燭火再次點亮時，眾位大臣們都已經摘去了帽纓。後來，這位大臣為報答楚王當日的恩情，在戰場上英勇殺敵，為楚王立下了汗馬功勞。

第一個故事中的小妾因為說話不注意分寸，惹來了殺身之禍；第二個故事裡，楚王的一句話避免了大臣在眾人面前丟臉和受罰，換得了這位大臣後來的誓死效忠。這就是一句話的效果，這就是「瀑布心理效應」。

其實生活當中，我們很多人都會遇到這樣的狀況。就好比一個自認風華正茂而立之年的女子去菜市場買菜，被那個不開眼的賣菜大哥「禮貌」地叫了一聲「大姐」一樣。想想看這是對自己自視甚高，把年齡當成「國家機密」的女人多麼大的打擊啊？她自以為自己保養得很好，掩飾得很妙，可是卻被一個賣菜的小販一語道破。這種巨大的心理落差不形成瀑布效應也很難。這位「大姐」不破口大　已是表現得相當有涵養了，還指望她再來買你的菜？

在人際交往中，「瀑布心理效應」是普遍存在的現象，但就其性質來說，其產生的消極影響往往大於積極意義。若要減少和避免人際交往中產生消極的瀑布心理效應，讓自己更受人歡迎，就必須時刻提醒自己不要犯無心傷人的錯誤。那麼，應該注意什麼呢？

1．說話客觀才能得人心

這裡說的客觀，就是尊重事實，實事求是，應視場合、物件，用合適的表達方式。有些人說話喜歡主觀臆斷，信口雌黃，往往會把人際關係搞砸。

2．說話時要明確自己的身份

任何人，在任何場合說話，都有特定的身份，也就是當時的角色地位，比如，在孩子面前你是父親或母親，在父母面前你是兒子或女兒。如果你用對小孩子說話

的語氣對長輩說話，就有失尊重。

3．不要興奮過度

與人交往，大可坦然熱情相待，態度保持寵辱不驚，但千萬不要過度興奮，以至於口不擇言，傷害他人。

總而言之，會說話，說好話，是人際交往的一門藝術。如「瀑布心理效應」，我們的一言一行，都會給周圍的人帶來反應，反應效果怎麼樣，我們是可以把握的，只要掌握好語言的分寸，你和對方的交往氛圍將會保持和諧愉快，有助於感情的升溫。

人際相似效應：教你如何跟別人套近乎

為什麼富有的、有成就的企業家在臺上講自己對幸福的感受時，常常會遭到台下人們的白眼呢？為什麼鋼琴家很難用藝術去打動一個習武的人呢？為什麼有伴侶的人對單身的人說單身的好處，卻遭到單身人士的反感呢？

因為這些人不屬於同類型、同層次的人。一個貧窮的人如果對另一個貧窮的人訴說自己曾經遭遇到的生活壓力，那麼兩個人就很容易產生共鳴。相反，一個富足的人對一個貧窮的人說富裕是來源於心理上的滿足感，那麼他肯定是不能打動對方的。同樣的道理，一個習武之人習慣用武力來切磋，不習慣音樂的交流。有結婚欲望的單身人士聽到已婚人士說單身的好處會覺得被諷刺。

這些就是由於不相似的人際關係所產生的不和諧感。心理學家把這種相似性格、愛好、社會地位的人容易產生共鳴的現象稱之為人際相似效應。此外，心理學家還認為通過長時間的相處，人們也會變得趨向一致。

這種人際相似效應的產生是由於人們心理上對自己同類型人的偏好所導致的。當人們發現對方的品性、行為很符合自己的「口味」，跟自己一樣，他就會在心裡把對方當成是「自己人」。這個時候，人們就會卸下心防和戒備，去接受對方的說法或者是理論。相反，如果人們感覺到對方不是「自己人」，那麼人們就會不斷地去推敲對方的話、質疑對方的話，對對方的言行採取不信任的態度。

在生活中，很多人為什麼一見面就感覺到相逢恨晚？為什麼同鄉總是很容易相處？這都是人際關係效應在起作用。所以，如果你想跟別人套近乎，如果你想博得別人的好感，那麼就要變成一個和對方「臭味相投」的人。

心理學家認為以「原來你也有這樣的經驗……」、「我也曾有過這樣的經歷……」、「原來我們是一樣的人……」等開頭語來解除對方的疑慮，容易使對方把你當成是「自己人」從而產生信任的心理。

當人們學會利用「人際關係相似效應」來博得對方的好感後，人們還會發現另外一個問題，那就是為什麼人會如此善變？

不少人都會有這樣的疑惑：為什麼明明昨天還是很好的哥們兒，可是今天攬起對方的肩膀卻看到對方明顯不耐煩的表情呢？為什麼明明跟領導的關係很好，可是今天坐在領導的對面，卻看到對方不自在的神態呢？

事實上，西方的心理學解釋得很對，因為你踩到對方的尾巴了。為什麼會有這樣的說法呢？原來，西方的心理學者認為每個人都有一個安全的距離，每個人都有自己私人的空間。每個人也都有自己的隱私和秘密。這些隱私和秘密就好像是一條無形的尾巴跟在人的身上。當別人踩進這個安全的距離，踏進自己的私人空間，人們就會感覺到對方好像踩了自己的尾巴一樣難受。

這種現象主要會體現在兩個方面：第一個方面是距離效應，也就是我們常說的刺蝟效應；另一個方面是空間效應。

所以，在利用好人際關係相似效應的基礎上，人們只要注意保持適度的距離和空間感就能無往不勝了。

近因效應：前功一朝化煙雲

所謂「近因效應」，是指在人際交往中，新形成的印象淡化，甚至抹去以往已形成的印象，給人們留下更深刻、更持久的當前印象，並以此支配人們的行為。

心理學家洛欽斯在做近因效應實驗時發現：如果自編的兩篇內容一樣、順序顛倒的短文中，插入一段不相關的文字，那麼近因效應更易突出，大多數人便會將後一篇短文所形成的印象作為評價的依據，而前一篇短文由於記憶的遺忘，所形成的印象相對地淡薄了。這說明近因效應確實存在，並且在起作用。

「近因效應」對人們有著一定啟示：

一、善始善終

近因效應強烈而持久，能夠淡化以至抹去先前的印象，因此人們在日常生活中，不僅要有良好的開端，還必須把這種良好開端保持下去，善始善終，切莫虎頭蛇尾。否則，可能造成一招有損、前功盡棄。

如果一個人只會記得別人的壞，而不記取別人的好，那是個人素養和氣度的問題。在人際交往中不能為了給人「善始善終」的印象而無原則地遷就，也不能因此而消極汲取教訓，能助人一臂之力時袖手旁觀、無動於衷。著名數學家華羅庚有一句名言：「他人助我，牢記心頭。」生活中誰沒有一點「委屈」，即使真的受到委屈，哪能為了一點小小的委屈時時記恨在心，而忘卻他人的大恩；應該努力做到，「記住該記住的，更應該忘記該忘記的！」

「近因效應」雖然會使人淡化，甚至抹去以往的長處和功績，若是能自覺地運用近因效應，善始善終，便可避免近因效應帶來的消極後果。不僅如此，有的人儘管過去有過這樣或那樣的不足，給人的印象不佳，如果能巧妙地運用近因效應，努力改進自己的不足之處，做得比過去更好，還能給人形成新的良好印象。

二、怒責之後莫忘安慰

一個人在批評教育、處理偶發事件時，難免情緒化。但若結束語妥帖，注意安撫，就容易使被批評者摒棄前嫌。一九九九年甲A足球聯賽，在最後一場比賽中，

某隊一位老隊員禁區內一個不應有的動作，被罰點球並亮紅牌。當被罰隊員離場時，主教練怒火中燒，狠狠地罵了一通，把他晾在一邊。關鍵的一球被對方罰進，球隊輸了，煮熟的鴨子飛了，怎能使人不憤恨。待到球賽結束，回到賓館時，主教練用手撫摸那位球員，給予安慰。那位球員眼裡滾動著淚珠，用感激的眼光看著主教練，久久說不出話來，先前的委屈和怨恨之情頓時煙消雲散。這就是近因效應的魅力。

三、尾聲不「尾」

心理學家們就舉辦畫展、演講、表演等做過深入探究後證明：開頭或結尾，無論是好是差，都能抹殺中間內容70%的效果。做報告或演講，首尾兩端給人的印象更深刻、持久，也由於人們的注意力一般呈馬鞍型，開頭和結尾時注意力較為集中，中間相對有些渙散。所以，人們做演講或報告、搞大型活動等，都要做好總結收尾工作。如果前面的大量工作做得有聲有色，而結束工作卻黯然失色，其成效便大打折扣，尾聲不「尾」。為什麼每一場演出要把最精彩的劇碼和名角放在最後作為壓軸，也是這個道理。

親和效應：廣結人緣的最佳途徑

在交際交往中，人們往往會因為彼此間存在著某種共同之處或近似之處，從而感到相互之間更加容易接近。而這種相互接近，通常又會使交往物件之間萌生親切感，並且更加相互接近，相互體諒。交往物件由接近而親密、由親密而進一步接近的這種相互作用，就是心理學上的「親和效應」。

張庭經營著一家化妝品公司，生意做得風生水起，下轄好幾個門店，員工近百人。她能夠有今天的成績，是從化妝品推銷員一步步做起的。由於此前在銷售專櫃上做了許多年，更能理解一線員工的不易，所以，她當上老闆後，非但沒有擺老闆的架子，反而與員工打成一片，視她們如親姐妹，誰家有個困難或者出現意外情況，她都會第一時間給予協助。然而，作為老闆，張庭也有自己的底線，就是不允許公司內的員工用其他公司的產品。對於這一情況，下屬表示理解，並給予配合。讓人沒想到是的，新來的周小姐卻破壞了規矩。那天，周小姐補妝後，沒有及時將自己的化妝品收起來，恰好被張庭看到。

周小姐剛到公司，同事就給她介紹了老闆不允許員工使用其他公司化妝品的規矩。周小姐發現被老闆看到後，嚇得趕緊把化妝品收了起來。張庭走到周小姐身邊，把一隻手搭在她肩膀上，微笑著，用輕鬆的口氣說道：「美女，你使用的化妝品不是我們公司的吧。」周小姐渾身汗毛直立，沒敢出聲，只是不住地點頭，心想：「這次被老闆逮個正著，挨批是小事兒，說不定……」想到這裡，周小姐不敢想下去了。

出乎意料的是，張庭並沒有朝周小姐發火，抬起手拍了拍她的肩膀，沒再說什麼，轉身離開了。更讓人想不到的是，第二天，張庭將一套化妝品送給周小姐，說：「其實我們公司的化妝品不比其他公司的差，你先試試，假如在使用過程中，出現不適或皮膚過敏，請及時告訴我。」

張庭的行為，讓周小姐非常感動。

就這樣，公司所有的新老員工都有了一整套本公司生產的，適合自己的化妝品和護膚品。張庭親自做了詳細的示範。她還告訴員工，以後員工在購買公司的化妝品時可以打特別折扣。張庭親和的態度，友善的口語表達，使她自然地與員工打成一片，成功地灌輸了她正確的經營理念。親和力易於消除人與人之間的隔膜，進而使傳達者有效地把自己的思想傳遞給被傳達者。

顯然，張庭是一個具有親和力的老闆，這讓她贏得了下屬們的好感。人與人之間的交流中，親和力是最重要的。我們在建立和諧人際關係時，千萬不可把自己束之高閣，對周圍的人愛搭不理，或是瞧不起某些地位比較低的人，我們應學會善待別人，儘量做到親切溫順，讓別人覺得你是個隨和可親的人，這樣你就更能融洽地和別人相處。如果你想成為一個有親和力的人，就應該對所有人一視同仁，用甜美的微笑去感染周圍的每一個人。我們可以從以下幾方面著手：

1．像對待親人一樣對待周圍的人

我們生活在一個複雜而又充滿友愛的社會裡。所謂複雜，就是每一個人都有自己的想法和對問題的看法；所謂友愛，則是指每一個人都有愛心，都願意奉獻自己的愛心。如果你能將他人當作親人一樣對待，那麼他人也會把你當作親人對待。

2·讓對方從內心裡笑起來

只有讓別人從心裡接受你，他才能喜歡你。因此，你可以對他人微不足道的優點予以誇獎，或是向對方贈送他喜愛的禮物，再或是與人聊天時多說說小笑話，這些都能增進人與人之間的親密度，並給人留下好印象，提升你的親和力。

3·利用暗示指出別人的缺點和不足

對於別人的缺點和不足，大聲地宣揚出來對你來說可沒有什麼好處，即使你是一番好心也會遭人厭惡。因此，當要指出別人的缺點和不足時，你不妨通過含蓄、委婉的暗示方法。這樣不但能減少生活、工作上的摩擦和不快，還會使你與他人之間的關係變得更加和諧。

4·利用讚美拉近彼此距離

任何人都喜歡聽讚美之辭，因此良好關係的建立和保持一定離不開讚美，所以你要學會用欣賞的眼光經常去讚美身邊的人。

5·學會用溝通打開別人的心扉

大多數情況下，人們對事物的認識常常只停留在自己的理解層面上，他們在發表自己的想法時很容易忽視或排斥他人的意見。因此，你要提高自己的親和力就要學會多與人溝通，多讓自己瞭解別人的想法，這樣才能拉近彼此間的距離。

6．對處於困境中的人要伸出援手

人的一生不可能一路順風順水，總會經歷這樣或那樣的困境。當你身邊的人處於困境之中時，及時伸手幫對方一把，對方會對你心存感激，並對此念念不忘，繼而會對你產生強烈的良好印象。

7．差錯效應可以讓對方覺得你易於接近

你偶爾犯一些無傷大雅的小錯誤，不但不會讓人覺得你愚蠢，反而會讓別人更願意接近你。因為不會犯錯的聖人總是給人高高在上的感覺，而常常犯小錯的凡人則會給人一種親切的感覺。

〈全書終〉

國家圖書館出版品預行編目資料

墨菲定律／楊知行編著 -- 初版-- 新北市：
新潮社文化事業有限公司，2022.07
冊；　公分
ISBN 978-986-316-834-8
1.CST：成功法 2.CST：生活指導

177.2　　111006206

墨菲定律

編　　著　楊知行
主　　編　林郁
企　　劃　天蠍座文創製作
出　　版　新潮社文化事業有限公司
電話 02-8666-5711
傳真 02-8666-5833
E-mail：service@xcsbook.com.tw

印前作業　東豪印刷事業有限公司
印刷作業　福霖印刷有限公司

總 經 銷　創智文化有限公司
新北市土城區忠承路 89 號 6F（永寧科技園區）
電話 02-2268-3489
傳真 02-2269-6560

初　　版　2022 年 07 月